BIYE LUNWEN XIEZUO SHIYONG JIAOCHENG

毕业论文写作实用教程

史习斌 著

河南大学出版社
HENAN UNIVERSITY PRESS
·郑州·

图书在版编目（CIP）数据

毕业论文写作实用教程 / 史习斌著 . -- 郑州 : 河南大学出版社 , 2023.4（2025.7 重印）

ISBN 978-7-5649-5426-0

Ⅰ . ①毕… Ⅱ . ①史… Ⅲ . ①毕业论文－写作－高等学校－教材 Ⅳ . ① G642.477

中国国家版本馆 CIP 数据核字 (2023) 第054292号

责任编辑	任湘蕊
责任校对	时　娇
封面设计	郭　灿
版式设计	高枫叶

出版发行　河南大学出版社

地址：郑州市郑东新区商务外环中华大厦2401号

邮编：450046

电话：0371-86059701（营销部）

网址：hupress.henu.edu.cn

印　刷	郑州尚品数码快印有限公司			
版　次	2023年4月第1版	印　次	2025年7月第3次印刷	
开　本	710 mm×1000 mm　1/16	印　张	14	
字　数	200千字	定　价	39.00 元	

（本书如有印装质量问题，请与河南大学出版社联系调换。）

前　言

近些年，教育部对本科毕业论文的管理越来越严格，抽查范围越来越广泛，这无疑打破了一度出现的"取消本科毕业论文"的幻想。毕业论文写作已经成为本科人才培养必不可少的环节，也是大学生在本科阶段必须完成的一项重要的学习任务。然而，很多大学生却不知道毕业论文写作的流程、方法、规范和技巧，苦于无法写出优秀甚至合格的毕业论文，因此，进行这方面的课程学习和素质培养显得尤为重要。

《毕业论文写作实用教程》就是在这样的背景下产生的。这本教材可以说是我和我的课程团队教学探索持续向前推进的结果，其雏形是在清华大学学堂在线平台上线的慕课"毕业论文写作"的视频文稿。2019年下半年至今，"毕业论文写作"慕课一直在学堂在线开课运营，其间，该课程建设成为省、校两级在线开放课程，被评为广东省一流本科课程。近年来，作为对慕课资源的利用和实体课堂的完善，我在学校开设了"毕业论文写作"通识课，在学院开设了汉语言文学专业的专业选修课，尝试过线上教学、线下教学、线上线下混合式教学等多种教学模式，在学生成长、教师发展和课程建设等方面做了一些积累。现在，我把当初写的5万多字的慕课文案扩充、改写为20万字的纸质教材，也算是对自己这些年在这门课上所做的专业思考和教学实践的一种提炼、总结和深化。

　　《毕业论文写作实用教程》涉及选题、开题、文献查找、初稿写作、修改、学术道德、检测、评阅、答辩、装订、提交归档等毕业论文写作的各个环节，内容全面，理论与实践兼备，具有很强的系统性。《毕业论文写作实用教程》将实用性放在首位，不做高头讲章，而是着眼于毕业论文写作中的实际困难，从微观和细部出发，手把手教授写作者进行论文写作的实际操作。《毕业论文写作实用教程》具有较高的受众宽容度，虽然以需要撰写毕业论文的本科生为主要对象，但同时，对论文写作不太熟悉的研究生、有论文写作需求的社会学习者都可以从中受益，了解论文写作的操作流程、基本规范、专业知识和写作技巧。

　　在此，感谢那些被选作案例的发表或未发表的毕业论文作者、期刊论文作者，感谢为本教材出版提供了辛苦劳动和热情帮助的朋友们！

　　纰漏之处在所难免，敬请批评指正。

史习斌

2023年1月22日

目　录

第一章　毕业论文概述 …………………………………… 001

 第一节　毕业论文的定义、意义和撰写步骤 ………… 003
 第二节　毕业论文的特点和写作要求 ………………… 011
 【练习与思考】………………………………………… 016

第二章　毕业论文选题 …………………………………… 017

 第一节　选题原则：选什么样的题 …………………… 019
 第二节　选题方法：如何选择合适的题目 …………… 026
 第三节　如何撰写提纲 ………………………………… 030
 【练习与思考】………………………………………… 036

第三章　毕业论文开题 …………………………………… 039

 第一节　如何写好开题报告 …………………………… 041
 第二节　熟悉开题过程 ………………………………… 053
 【练习与思考】………………………………………… 056

第四章　文献检索 ·········· 059

第一节　文献检索：科研寻宝必杀技 ·········· 061
第二节　文献检索的途径与方法 ·········· 062
【练习与思考】 ·········· 084

第五章　毕业论文初稿写作 ·········· 087

第一节　标题 ·········· 089
第二节　作者信息 ·········· 095
第三节　指导教师 ·········· 097
第四节　摘要 ·········· 098
第五节　关键词 ·········· 106
第六节　英文翻译 ·········· 111
第七节　引言 ·········· 113
第八节　正文 ·········· 117
第九节　结语 ·········· 119
第十节　引文 ·········· 121
第十一节　注释 ·········· 126
第十二节　参考文献 ·········· 130
第十三节　致谢 ·········· 141
第十四节　附录 ·········· 143
【练习与思考】 ·········· 145

第六章　毕业论文修改 …………………………………… 149

第一节　好文章是如何改出来的 ……………………… 151
第二节　修改符号的使用 ……………………………… 160
【练习与思考】…………………………………………… 163

第七章　学术规范 ………………………………………… 165

第一节　毕业论文检测 ………………………………… 167
第二节　学术失范与学术规范重建 …………………… 173
【练习与思考】…………………………………………… 179

第八章　毕业论文答辩 …………………………………… 181

第一节　答辩的那些事儿 ……………………………… 183
第二节　做好答辩准备 ………………………………… 191
第三节　掌握答辩技巧 ………………………………… 197
【练习与思考】…………………………………………… 202

第九章　毕业论文评阅、装订、提交归档 ……………… 205

第一节　毕业论文评阅 ………………………………… 207
第二节　毕业论文的装订与提交归档 ………………… 210
【练习与思考】…………………………………………… 214

第一章

毕业论文概述

第一节 毕业论文的定义、意义和撰写步骤

一、什么是毕业论文

毕业论文是高等院校毕业生通过独立进行科研活动,为探讨和解决本学科某一问题而撰写的,具有一定学术价值的论述性文章。

毕业论文一般通过材料或数据来证明观点或得出结论,需要有一定的创新性,还需要有一定的学术价值,所以,它本质上是一种学术论文。当然,与其他用于期刊发表和学术交流的学术论文相比,毕业论文又有其独有的规范和特点。

毕业论文与学位论文也有所不同。按照《中华人民共和国学位条例》的规定,我国实行学士、硕士和博士三级学位制,相应地有学士学位、硕士学位和博士学位三级学位。硕士和博士阶段用来申请学位的论文称为硕士学位论文和博士学位论文,而本科阶段的毕业论文除了用以达到毕业条件,同时也是获得学士学位的必要条件,所以,本科阶段的毕业论文实际上也是学士学位论文。

本书所讲的毕业论文,指的是本科阶段的毕业论文。

二、毕业论文的重要性及其意义

在我国高校现行体制中,除一些实用性和实践性很强的农科、工科等专业的学生应按要求完成毕业设计外,大部分专业的本科毕业生都需要撰写毕业论文。在需要撰写毕业论文的高校人才培养方案中,

都会安排较长的时间进行毕业论文写作，且有毕业论文的学分要求，一般是4个学分，而且这4个学分是不能用其他学分替代的。也就是说，学生只有完成了毕业论文的写作，并且通过了论文答辩，才能获得毕业资格，申请学士学位。

当然，高校的这种规定是有依据的。《中华人民共和国学位条例》第四条规定：

> 高等学校本科毕业生，成绩优良，达到下述学术水平者，授予学士学位：
> （一）较好地掌握本门学科的基础理论、专门知识和基本技能；
> （二）具有从事科学研究工作或担负专门技术工作的初步能力。

这里的第一条可以通过各门课程的学分来进行衡量，学生必修或选修了本专业的课程，考试及格，获得的学分达到了培养方案的要求，就可以认定其掌握了相应学科的理论、知识和技能。如何考核第二条，即学生是否"具有从事科学研究工作或担负专门技术工作的初步能力"呢？一般都是通过毕业论文来判断。本科生撰写出合乎要求的毕业论文，通过答辩，就可以被认定为具有了从事科学研究工作或专门技术工作的能力，是合格的本科毕业生，可以授予学士学位了。

所以，对于本科生来说，毕业论文不但重要，而且具有重大的意义。

首先，在需要撰写毕业论文才能毕业的学校或专业，毕业论文是其培养目标的重要内容，是人才培养的核心环节，是完成学业的重要标志，是获得学位的必要条件。学生如果没有按要求完成毕业论文，是无法毕业也无法获得学位的。

其次，毕业论文写作过程能促进学生专业学习，锻炼思维，提高能力。撰写毕业论文有一套较为烦琐的流程，这个相对漫长的过程是对写作者的一个综合考验，通过了这场考验，学生各方面的素养和能力就会上一个新台阶。比如说，刚开始进校的时候你只会写800字的应试作文，写完毕业论文后你突然发现，自己原来有这么大的潜力，洋洋洒洒写了8000字甚至上万字的论文，还逻辑清晰，言之有理；刚进大学的时候你面对一件事情、一个问题只会发几句感叹，抒几句情，现在你却能条分缕析、有理有据地说出四五点论据了；以前你只知道死记硬背课本上老师划的重点，现在你通过查找资料、确定选题、进行写作、不断修改等环节的自我肯定与自我否定，发现了教材之外的广阔天地，学会了独立思考，有了批判性思维。总而言之，刚开始进入大学的时候你还是高中生的水平，通过专业学习，最后你认认真真地把毕业论文写完了，你在专业水平、思维能力、表达能力、意志力等方面就一定会有很大的提升，是货真价实的本科生的水平了。

最后，毕业论文写作能够帮助学生认识和接触科研，为其将来的进一步研究深造打下基础。本科生的毕业论文虽然并不一定具有很高的学术价值，但它是一个相对规范、严谨的学术上的初步训练。这种训练对学生以后的工作和学习是有帮助的。很多专业技术职业或岗位，比如教师、医生、图书资料管理员、图书编审、报刊编辑等，职称评聘时都需要有相关的研究论文发表；如果你考取了研究生，甚至以后读博士，做研究，走学术之路，论文写作会更加重要。如果本科阶段打下了好的基础，对科学研究及其最常见的表现形式论文的写作有一定了解和初步尝试，写起研究性论文来就会容易很多，对学业进步、职称晋升和职业发展都大有裨益。

总而言之，毕业论文非常重要，意义重大。虽然写毕业论文的学生"痛苦"，看毕业论文的老师"痛苦"，时不时还有人主张取消本科生毕业论文这一环节，但至今绝大部分高校很多专业仍然要求学生写毕业论文，原因正在于此。

三、毕业论文的撰写步骤

为了保证毕业论文的质量,也为了实现学校的有效管理和指导教师的专业指导,毕业论文的写作有一套完整而复杂的流程。具体撰写步骤如下:确定指导教师→确定选题→搜集资料→撰写提纲→撰写开题报告→开题→撰写初稿→修改初稿,形成二稿→查重→修改二稿,完成定稿(必要时三稿后定稿)→评阅→答辩→整理、装订、提交归档。

1. 确定指导教师

确定指导教师又称选导师,指即将开始毕业论文写作的学生根据自己意向中的专业和方向,选择相同专业和方向的老师作为论文指导教师。每一名老师指导的学生数量有限,如果选他的学生多,则会进行挑选。所以,选导师实际上是学生与老师之间的双向选择。要想选到心仪的导师,一定要尽早联系表达意愿。

术业有专攻,每位老师都有自己的学术方向和研究领域,学生选导师要选和自己感兴趣的专业方向相一致的老师,这样老师才有能力对你的论文进行有效的指导。当然,本科阶段的专业很可能是大专业,没有细分不同的方向,这时可以根据课程来确定老师的学术方向和自己的选题领域,比如汉语言文学专业的学生选导师的时候,对杜甫感兴趣就选教古代文学课程的老师,对鲁迅感兴趣就选教现代文学课程的老师。

2. 确定选题

学生根据自己的兴趣、熟悉度和写作意向查找资料,初步阅读有关文献,提出有价值的问题,明确方向,并在老师的指导下确定毕业论文写作的题目。初步的选题可以是一个对象和范围,经反复思考之后再确定具体的角度。

毕业论文选题的确定是整个论文写作"大厦"的选址和地基所在,

具有开疆辟土的作用，一定要和导师商量，不能自己一个人就决定下来并开始下一步的工作，否则如果需要推倒重来，费时费力，很不划算。

3. 搜集资料

学术是严谨的，不能夸大其词，更不能凭空想象，所以，资料对论文的写作起到了很大的作用。客观公正的学术观点的形成是建立在真实、充分的证据和数据基础之上的，这些证据和数据便来源于翔实的资料。

在确定了论文的选题之后，需要搜集大量与选题相关的资料来支撑论文的写作。当然，查找资料并不是一次就能完成的，而是贯穿于毕业论文写作的整个过程：确定选题之前，为了解别人的研究状况和拟选题目的可行性需要搜集资料；确定选题之后，为使自己的论文内容更深入、框架更合理，写作过程中随时需要翻阅、查找资料；论文写完后，查漏补缺、核实参考文献准确性的时候，也需要查找资料。

4. 撰写提纲

确定毕业论文的选题之后，通过对已有文献的阅读思考，选择合适的角度，确定论文的标题；围绕标题涉及的对象、范围和角度进行深入、立体的思考，确定论文的各个部分以及每个部分的分论点，于是产生了章节标题；将每一小节所要用到的材料简要地分配在各自的位置，等待补充论述。就像这样将论文的标题、中心观点、主要内容及相关论证材料条分缕析地列出的总体纲要，就是论文的提纲。

列提纲的时候可以多和导师沟通交流，经反复商讨后上交导师审阅，按导师建议修改并通过后方可开始后续工作。虽然在形式审查上不需要查看学生的论文提纲，但提纲撰写这一步最好不要省略，因为有了提纲，学生对论文的写作就有了整体的把握，发现哪个部分不合理能及时做局部修改。如果没有提纲，学生很容易心里没底，不知从何写起。

5. 撰写开题报告

在论文开题之前,需要撰写书面的开题报告,开题报告将作为毕业论文写作的过程性材料放进论文袋中存档。

开题报告多为表格形式,一般都有较为固定的格式,主要包括毕业论文的选题意义、研究状况、创新之处、研究内容、研究方法、研究计划和参考文献等。

撰写开题报告时需要广泛而深入地阅读文献资料,写出简洁而全面的文献综述,基本确定研究的主要内容,选择合适的研究方法,制订可行的研究计划,列出主要的参考文献。开题报告的研究内容部分实际上就是论文提纲的章节框架,成熟的提纲基本上可以直接挪用。开题报告在最终确定前,也需要和导师反复商讨、修改。

6. 开题

撰写开题报告后,应在规定的时间参加开题答辩。学生先陈述自己毕业论文写作的相关情况,参加开题答辩的老师再就学生的自我陈述和开题报告中的问题提出意见。学生根据老师的意见对开题报告进行修改完善,这不仅有利于开题报告本身,也有利于论文写作的顺利进行。

7. 撰写初稿

学生总体上按照开题报告的写作计划进一步进行文献检索和资料查找,将开题报告的各项内容细化,具体实施,又根据论据形成观点,展开论述,得出结论,从而完成毕业论文初稿的写作。

撰写毕业论文初稿是毕业论文写作流程中最重要的一环,也是最费时间、最难的一步。一般来说,只要初稿写出来了,毕业论文的写作就算初步成功,剩下的就是修改完善,以及格式化和规范化的问题了。

8. 修改初稿,形成二稿

写完初稿并不意味着万事大吉了,还需要根据自己发现的问题和指导老师的修改意见,对初稿进行修改完善,形成二稿。

修改一般从观点、材料、结构、语言等方面进行,使论文更加有价值、有条理,更加合乎规范和要求。如果毕业论文的前期工作都按要求一步一步做好了,修改就成了锦上添花;如果初稿有较大的问题,需要大幅删改甚至从头再来,就会加大不能如期完成论文的风险,学生和老师都会比较痛苦。

9. 查重

查重就是将论文电子稿输入论文检测系统,检测论文的文字复制比,评估论文的原创性和学术规范性。

随着写作电子化的普及,论文抄袭现象越来越严重,随之而来的技术性反抄袭措施就是查重。中国知网、维普期刊网、万方数据库等都有相应的论文检测系统,所开发的毕业论文管理系统有论文检测的嵌入通道,检测起来十分方便快捷。

关于查重的时间点和次数,各高校有不同的要求。二稿后查重是为了更好地对论文进行修改,以避免马上要定稿了却存在重复率高的问题。一般的学校都是将查重环节设置在定稿之前,查重不通过的论文不能定稿,修改后仍不通过的不能参加答辩。很多学校要求学生的毕业论文在最后提交之前还要进行一次查重检测,以确保学校电子保存的论文的原创性和规范性。

10. 修改二稿,完成定稿

二稿完成之后,论文基本上就定型了,但还有一些地方需要继续修改完善。学生要根据指导老师的修改意见和查重报告的提示,对论文进行进一步修改,形成定稿。

定稿时论文的基本观点已经无法重来了,稍大方面的更改都要尽量避免。这时要着重看论文的格式是否规范，细节问题是否注意到。要对论文进行全面而细致的校对，严把语言关，杜绝错别字，禁止出现常识性错误。因为是定稿，所以论文从内容到形式基本就是最终提交时的样子，正因为如此，可能有的论文要经过三稿、四稿才能最终定稿。

11. 评阅

毕业论文定稿提交之后，需要对论文进行评阅。

本科生的毕业论文评阅分为指导老师评阅和交叉评阅，指导老师和相同教研组的另一位老师分别对论文进行评阅，写出评阅意见，给出评阅成绩。

论文评阅是对毕业论文的学术评价，也是论文是否合格、是否优秀的主要依据。

12. 答辩

毕业论文评阅完成之后，对符合要求的论文组织答辩。

答辩的时候，论文作者就论文的内容等进行陈述，答辩小组老师提出与论文相关的问题，论文作者进行回答，老师再给出答辩成绩。

毕业论文答辩是整个论文写作过程中又一个重要的步骤，它是对论文原创性的面对面检测，也是对论文写作者综合素质的一次集中检验，只有通过了论文答辩，才算真正完成了毕业论文写作的基本流程。

13. 整理、装订、提交归档

毕业论文写作和答辩完成之后，还有最后一个环节，就是将经修改确认后的论文定稿进行装订，与开题报告，论文初稿、二稿，答辩记录等相关材料一起提交存档，同时提交电子稿保存。

以上是本科毕业论文写作的一般步骤。需要注意的是，随着信息化建设的发展，现在很多高校都采用了毕业论文管理系统，每一个环节的每一步操作都会在系统中留下痕迹，上一个环节不完成就不能进入下一个环节，一步一步，环环相扣。这一方面方便了学校的管理和教育部门的检查，另一方面也对学生的毕业论文写作提出了更高的要求。实现毕业论文写作信息化管理之后，不按时间节点完成论文写作步骤、答辩前两周时间赶出一篇毕业论文等现象就能被彻底规避了。

毕业论文写作是学生的一项独立的任务，但也离不开指导教师的指导。指导教师在选题、提纲审定等方面要及时给学生提供咨询帮助；在原创性、规范性等论文质量上要严格把关。总之，毕业论文指导教师要适时指导，不能当甩手掌柜，对学生要有耐心。学生要认真对待论文，不要过度依赖导师，要尊重导师的专业意见，要懂得感恩。师生要把彼此的相遇看作一段难得的缘分，不能选导师时热情洋溢，写论文时找不到人，答辩结束后不复相见。只有老师和学生各司其职，相互合作，才能共同提高毕业论文的写作质量。

第二节　毕业论文的特点和写作要求

一、毕业论文的特点

毕业论文从总体上来说是学术论文的一种，所以，它既具有学术论文的一般特点，又具有一定的特殊性。

1. 科学性

毕业论文的研究对象是自然科学、社会科学或人文科学某一领域某一个小的方面，研究的是某一门具体学科的某个专业性问题，它的研究内容具有科学性。

毕业论文的研究方法也具有科学性。毕业论文的写作实际上是通过逻辑思维和抽象概括，对研究对象进行分析，探究其本质，找出其规律，这正是科学研究的一般方法。

毕业论文的写作过程需要有科学精神的支撑。资料的搜集、论据的寻找实际上是对真相的逼近。写论文时不要轻易下判断，每下判断必要有足够依据，正如胡适所说，"有几分证据，说几分话"。实事求是，不隐瞒，不浮夸，这都是科学的精神。

2. 理论性

毕业论文作为一种学术论文，不能只是材料的堆砌、现象的罗列，而是要通过对论据的分析，概括和提炼出带有一定理论色彩的结论。比如中文专业的毕业论文，就不能只是简单的小说情节复述和人物形象分析，而是要有理论的切入点，并上升到理论的高度进行论述。

同时，毕业论文是理论文体的一种，这就决定了它与一般应用文体和创作文体的区别：它在思维方式上以理性思维和逻辑思维为主；在表达方式上以议论为主，不能单纯抒情；在语言上要准确，意义要单一，不能像诗歌的语言一样复杂多义，朦胧模糊。这些都是毕业论文理论性的具体体现。

当然，我们也要避免过度理论化的倾向。现在有些论文，不结合具体的材料和案例，不进入文本，只做理论的隔空对射，通篇是生造的术语，晦涩难懂；或是对理论大段大段引用，没有消化，生搬硬套，囫囵吞枣，这些都是不可取的。

3. 学术性

设置本科毕业论文的目的是培养学生对学术的兴趣和学术研究的基本能力。学术，就是治学、做学问，而且是专门、有系统的学问。虽然我们对本科毕业论文在学术价值上的要求没有那么高，但毕业论文体现出来的思想、观点，运用到的理论、方法等，都是学术研究的有机组成部分，都要符合学术的基本要求。

作为学术论文的一种，毕业论文的学术性还体现在其具有较强的专业性。它是专业内的人写给专业内的人看的，应采用专业的表达方式，涉及较多的专业术语，与科普文章那种适合普通大众阅读理解的语言和表达方式有很大不同。

毕业论文写作采用的是学术研究的总体方法，也是议论性文章的表达方式，即用真实、典型、充分的论据，来证明正确、集中、深刻的论点，而且在这个过程中，采用的是周密的、有逻辑性的论证方法。只有这样，包含学术价值的观点才能在论文中传达出来。

4．创新性

创新性思维是最宝贵的思维方法，创新是学术研究的生命。严格来说，没有创新的论文就没有写作的必要。

学术研究是站在别人的肩膀上从事的创造性的活动，论文写作也需要参考最新的研究成果，但绝不能人云亦云。别人这么说你也这么说，你的结论比别人的结论没有任何超出的地方，这都是缺乏创新性、缺乏学术价值的表现。

当然，要真正有所创新是很难的，尤其是对于本科毕业论文而言。但是，我们要知道努力的方向，比如在毕业论文写作的过程中，应想方设法找出一点新资料，得出一点与别人不一样的有价值的新观点，采用一些与别人不同的新研究方法。也不奢望填补空白或者推翻别人的学说，能够在不重复别人的基础之上说出自己的独到见解，在众声喧哗的舞台上发出自己的声音，就已经具有了学术的创新性。

5．规范性

规范是学术研究的基本要求，也是学术研究和论文写作的底线。就本科毕业论文写作而言，规范性包括两个方面。

一是流程规范。按照毕业论文写作流程，学生必须在导师的指导和同意下确定选题，然后撰写开题报告、制订研究计划，再按照计划开展研究和论文撰写工作；形成论文定稿后经指导教师同意、评阅通过后方可进行答辩，答辩通过才能顺利毕业和取得学位。这个流程中的任何一个步骤都是不能省略的，一个环节不通过就会直接影响后面的进程。

二是格式规范。与自由度比较高的文学创作不同，作为学术写作的毕业论文有着非常严格的格式规范。毕业论文的各个结构要素如标题、摘要、关键词、英文翻译、正文、参考文献、致谢等必须齐全，而且每个部分都有自己的写作规范；尤其是参考文献的标注方式，必须按照《信息与文献 参考文献著录规则》（GB/T 7714—2015）实行。凡是基本格式不规范的论文，都是存在硬伤的。论文价值大不大是另一回事，首先要保证格式的规范性。

二、毕业论文的写作要求

1. 总体要求

从总体上来说，一篇合格的毕业论文应该做到：内容原创且有价值，观点正确，材料充分，逻辑清晰，结构合理，表达顺畅，格式规范。

这些要求就每一项看，似乎都是最基本的写作要求，但若要每一条都能真正达到，其实并不容易，需要论文写作者端正态度，下一番功夫在论文写作上。

2. 内容要求

毕业论文在内容上的最基本的要求就是自己独立完成，原创而不抄袭，这是一条红线。如果论文检测的复制比超过学校和导师规定的百分比，必须采取有效措施"降重"。

在此基础之上，又要有一定的创新性和学术价值。这对一般的本科生来说要求有点高，但要努力达到。尤其是以优秀的毕业论文为目标的，则特别需要注重论文的学术价值和学术创新，只有提出了有价值的问题并使问题得到了解决或部分解决，在观点、方法或材料等方面体现出创新性的论文才是优秀的毕业论文，否则只能算是一般学术训练的程式化的论文。

毕业论文的研究内容应该限定在本专业之内，研究方向也应该与指导教师的专业领域基本相符。如果涉及学科交叉，主要研究方向和落脚点应该是自己的本专业。比如汉语言文学专业的学生，论文研究电影文学，主要方向应该是文学方面，而不是电影方面。

3. 形式和规格要求

一般来说，文科毕业论文字数应不少于8000字。可能有人觉得只要说清楚问题了，管他多少字呢！实际上，要想将一个稍微复杂点的问题阐述清楚，少于这个篇幅是难以深入展开的。当然，字数的上限并不会有十分严格的限制，有的本科毕业论文有15000字，没有一句多余的话，无疑是很厚重的。但如果只有5000字，还没开始展开论述就结束了，肯定是不符合要求的。

除了字数要求，毕业论文的标题、作者信息、摘要、关键词、英文翻译、正文、参考文献、致谢等各要素必须齐全且合乎规范，字体、字号、行距等排版要合理、美观，打印要清晰、完整，装订要整齐、完备。这些方面的具体细节各学校可能会有差别，但是都大致相同，需要论文写作者掌握并执行。

【练习与思考】

一、选择

1. 胡适所说的"有几分证据，说几分话"，意思是说科学研究要有（　　）。

　　A. 思维创新　　　　　　　　B. 方法创新

　　C. 科学精神　　　　　　　　D. 实践指导

2. 下列不属于毕业论文要求的是（　　）。

　　A. 格式要规范　　　　　　　B. 结构要合理

　　C. 内容要充实　　　　　　　D. 达到发表要求

3. 本科毕业论文写作有哪些作用？（　　）（多选）

　　A. 是获得学位的条件　　　　B. 能够促进专业学习

　　C. 能够锻炼学术思维　　　　D. 能够提高综合能力

　　E. 可以为进一步研究奠定基础

4. 毕业论文有哪些特点？（　　）（多选）

　　A. 规范性　B. 理论性　C. 学术性　D. 创新性　E. 科学性

二、判断

1. 毕业论文检测（查重）一般都在答辩完成之后。（　　）

2. 毕业论文写作既要有一定的理论深度，又不能过度理论化。（　　）

3. 作为本科毕业论文，能够完成就很不错了，要想有创新实在太难了，所以不应该有创新性的要求。（　　）

三、简答

1. 毕业论文、学位论文和学术论文有什么区别和联系？

2. 本科毕业论文有哪些要求？

四、思考

作为本科生，为了写好毕业论文，该怎么做？

第二章
毕业论文选题

第一节 选题原则：选什么样的题

选题对毕业论文写作的重要性不言而喻。可以说，一个好的选题往往是写好毕业论文必不可少的良好开端。而在现实中，选题却是毕业论文写作者遇到的第一个难题，很多人都不知道选什么题合适，选什么题自己能够顺利写完论文。实际上，毕业论文选题有一些基本的原则需要遵守，了解了这些原则，选题就会容易很多。

一、毕业论文选题的原则

1. 确立学生的自主性

在确定毕业论文选题的过程中应该明确，学生是选题的主体，指导老师只是起把关和辅助作用。

在论文选题方面，各个学校的做法有些不同。有些学校会将老师们贡献的一些选题集中提供给学生进行选择，而更多的学校则是由学生自主选择论文的题目。很多时候学生会说："老师啊，我实在是想不出来写什么了，不如把你的选题给我一个吧！"最后老师给他一个自己思考多时的、很有价值的选题，学生却写得面目全非，甚至根本无法完成。所以，从现实经验来看，教师给学生定题的效果远不如让学生自主选题。最好的状态是学生在老师的指导下，选择适合自己的论文题目。当然，这是一个不断否定和修正的过程，可能会比较"难熬"，甚至有些"痛苦"，但经历之后一定会大有收获。

2. 有针对性

毕业论文的选题应具有较强的针对性，避免盲目，甚至不知所云。

首先是专业针对性。大学教育是分专业的，各专业有不同的培养要求，毕业论文是对学生专业水平的检测，所以要选与本专业相关的选题。一个汉语言文学专业的学生，可以研究文学，可以研究写作，可以研究中学语文教学，还可以研究语言学的相关问题，但不能选历史、法律、新闻传播方面的内容作为毕业论文选题。学习的时候可以博采众长，一专多能，但用来拿毕业证和申请学位的毕业论文必须有专业针对性，即使是跨学科的选题，也要将研究的主要部分和落脚点放到自己的本专业上。

其次是现实针对性。无论是文科还是理工科，论文的选题最好能从现实出发，或是解决实际问题，或是关注理论难点，或是聚焦学术热点，不要闭门造车，做空头文章。当然，这种现实针对性并不是一定要解决实际技术问题，也不是要赶时髦，纯粹的理论研究或者冷门的课题也有其不可忽视的价值，只要写作者能够驾驭，也是可以作为论文选题的。

3. 有研究的必要性

毕业论文的选题要有研究的必要性，也就是要有研究价值，包括理论价值和实践价值。

所谓选题没有研究的必要，没有研究价值，指的是那些已成定论、被抛弃、被证伪的选题。对已成定论的课题开展研究是一种重复，而对已经被证伪的结论"旧事重提"是一种研究的倒退。并不是每一个选题都要"开疆辟土"，但是我们的研究应该在原有的基础上有一定的进一步探讨的空间，应该在不断更新的结论之上向前推进。只有这样，论文才有拓展理论成果和推动实践进步的价值。

4. 有创新性

创新是衡量科学研究价值的首要标准，也是衡量毕业论文价值的重要依据。创新性不仅体现在论文写作时观点和结论的表达，还体现在选题时对象和角度的选择。当然，对于相当一部分本科生来说，其毕业论文的创新性可能很难达到真正的学术上的严格要求，所以，想要有所创新，除了学习优秀的毕业论文，还可以从一些发表过的学术论文中得到启发和借鉴（一篇8000字左右的学术论文的体量正好与一篇本科毕业论文相当）。

以文科毕业论文为例，如何才算有所创新呢？

其一，发现了新材料。《穆旦佚文七篇辑校》[1]一文披露了新发现的穆旦的4篇译文、3篇散文共7篇文章，并对其进行了辑录和校勘。像这些作家（研究对象）的佚作，如新发现的书信、日记、未刊手稿，还有新解密的档案、新出土的文物，等等，都是一种新材料（资料）。这些新材料本身就是有价值的，可以补充现有史料，为进一步研究提供证据；关键性材料还可能对以前的研究结论进行修正，甚至颠覆学界定论。在现今的学术界，对史料的挖掘、整理和研究已经成为一个重要的学术分支，不仅在历史学、古典文献学这样的学科领域，就是在现代文学领域，也产生了中国现代文学文献学，由此可见材料的重要性。如果我们能发现新的文献材料，将其作为毕业论文选题，无疑是很有价值的。

其二，采用了新方法。《文学地理学批评：〈文心雕龙〉研究的新方法》[2]一文便采用了新的研究方法。《文心雕龙》是我国南朝刘勰所写的一部文学理论著作，有不少人去注疏、品鉴，去解释它的语词、阐

---

[1] 司真真：《穆旦佚文七篇辑校》，《新文学史料》2018年第4期。

[2] 王万洪：《文学地理学批评：〈文心雕龙〉研究的新方法》，《临沂大学学报》2018年第6期。

释它的内容；也有人去研究《文心雕龙》的系统观、创作观、美学思想、批评话语等。当发现《文心雕龙》研究已经做得很深入之后，作者转而采用文学地理学的方法去研究，可以说是一种新的途径，也必然会开拓与以往文学研究、社会学研究不同的新的研究空间。

其三，形成了新观点。当我们对同一个研究对象进行研究时，不同的研究者可能会得出不同的观点；我们考察不同时代的研究者对同一作品的研究，也会发现前后会有很大的不同。有些学术杂志喜欢把不同观点的文章放到一起进行对比刊发，甚至专门设置"正方"和"反方"，公开打擂台，这都是有利于新观点的阐发和传播的常见之举。新的观点的产生有时可能来自新材料的发现或新方法的采用，但更多的时候则是来自研究者超强的思考力和非凡的洞察力。在论文选题和写作时，如果我们在某一点上有了新发现，或能补充完善现有观点，或能推翻旧说，提出新说，都是形成了具有创新性的新观点。

在选题的过程中要进行"查新"，看看自己准备研究的课题别人说了些什么，还有何可说；别人是从哪些角度说的，还有什么新的角度。"查新"的目的就是保证创新性，避免老生常谈，人云亦云。如果我们选题时不进行"查新"，不去了解相关对象的研究历史和学术前沿，而是自己想到什么就写什么，想从什么角度写就从什么角度写，想到哪里就写到哪里，很可能等我们定下来之后才发现，别人在好多年前就已经完成了相关研究，成果都已经发表出来了。

5. 考虑可行性

一个较为科学的论文选题，不仅是有新意、有价值的，而且一定是经过努力可以完成的。那么，什么样的选题是可行的呢？

首先，大小要合适。有的同学确定的选题，动不动就是"鲁迅论"，这就太大了！"鲁迅论"都可以写成十卷本的丛书了，一个本科的毕业论文怎么能涵盖得了呢？论鲁迅当然是可以的，但是你论的到底是鲁迅的杂文还是小说？如果是小说，那讨论的是鲁迅的哪些小说？涉及这些小说的哪个方面?这些都要具体才行。比如谢晓霞的文章《鲁迅小说中"孩子"形象的变化及其意义》[1]。从文中我们得知,鲁迅的很多小说中都写到了"孩子",这些"孩子"分为两大类,一类是记忆中的"孩子",他们生活在过去的宁静自然的乡土世界,自由、纯真、美好,以《故乡》中的少年闰土为代表。你看闰土,在蓝天圆月下,碧绿的西瓜地里,"项带银圈,手捏一柄钢叉,向一匹猹尽力的刺去",俨然一个健康而充满活力的乡村小英雄。还有一类是现实中的"孩子",生活在破败萧瑟的现实世界,麻木、愚昧、丑陋。比如《示众》里面的胖孩子,纯粹就是一个麻木的看客,甚至连婴儿也被老妈子背着做看客。还有《孤独者》中那个很小的小孩,还不会走路,却拿着一片芦叶指着魏连殳喊:杀!在《长明灯》里,一个赤膊的孩子玩弄着苇子,瞄准人,将樱桃似的小口一张:吧!通过对这两类"孩子"的分析,作者认为,在"孩子"形象的背后,是鲁迅的希望和绝望。小说中的"孩子"形象作为隐喻,也折射出"五四"前后鲁迅的思想及其变化。对于鲁迅而言,记忆中的"孩子"纯真、美好,是他的希望;他发现"孩子"的问题和危机,但并没有悲观,而是要去"救救孩子";当他发现救不了的时候,陷入了绝望;当鲁迅把个体遭遇上升到对人类存在的本体性思考时,又诞生出了鲁迅式的对绝望和虚无的反抗,那就是"走"和"行动"。你看,作者也研究鲁迅,但不是笼统地研究鲁迅,而是研究鲁迅的小说,研究鲁迅小说中的"孩子",研究鲁迅小说中"孩子"形象的变化及其意义,对象十分具体,主题十分明确,角度十分独特,得出的结论也很有价值,这才是具体而又可行的选题。

说完大,再来说小。比如刘双成《论穆旦诗歌感叹词"O"的形

---

[1] 谢晓霞:《鲁迅小说中"孩子"形象的变化及其意义》,《中国现代文学研究丛刊》2019年第3期。

象意蕴》[1]一文，专门讨论穆旦诗歌中特有的符号"O"，认为"O"既具有抒情功能，又具有独特的形象意蕴，其频繁使用拓展了穆旦诗歌的艺术价值。这是一个独特的选题，虽然是一篇学术论文，但如果能发现这种既有价值又容易被人忽略的"小珍珠"，是完全可以作为本科毕业论文选题的。小的选题好把握，但也要能够支撑起一篇毕业论文的分量，不要太小。同时，我们也要认识到小选题的难度，因为小选题很可能不好找资料，也在思维拓展的广度和深度把握方面对写作者提出挑战。

总之，毕业论文的选题可大可小。可以大视野，小切口；也可以从小处着眼，向纵深发展。但大小要合适，不能贪大求全，没有切入点，也不能小到千儿八百字就说完了。

其次，难易要适当。有一些论文的选题很好，但写起来很难，要慎重选择。在选题的时候，理论上能否驾驭，资料上能否获得，专业难度是否有把握，专业素养是否能支撑，都是需要考虑的问题，否则会望"题"兴叹，无从下手。当然，也不能没有一点挑战性。如果毕业论文选题太过简单，只相当于完成了一次课程作业，就起不到提升学术素养和综合素质的作用，对自己是没有什么好处的。

最后，主客观条件允许。有些选题是需要进行田野调查的，可能要去偏远乡村蹲点，去荒郊野岭访碑，去底层社会走访，去异国他乡调研……那么得考虑：自己的精力、毅力、心理准备和专业准备做好了吗？是否具备相应的社会资源？有没有足够的时间完成调研计划？有没有资金保证吃、住、行，甚至支付调查对象的劳务费？如果答案是否定的，就不要选择这样的选题。如果选择了这样的选题，就要做好准备，坚持初衷，好好地做下去。

---

[1] 刘双成：《论穆旦诗歌感叹词"O"的形象意蕴》，《赤峰学院学报》（汉文哲学社会科学版）2007年第2期。

二、毕业论文选题与问题意识

毕业论文选题往往是本科学生在写作中遇到的第一个头痛的问题。很多同学选题的时候东看看西瞧瞧，漫无目的地四处游荡；有的同学也看了不少资料，好不容易找到一点方向，回头一查却已是多年前的大众结论；有的同学思维活跃，天马行空，所选题目看似新潮却难以落地。为什么会出现这些情况呢？除平时看书太少、专业基础不扎实，还有一个重要的原因就是缺乏问题意识。

思考是研究最重要的品质，问题是思考的核心。一个人如果能够不断提出一些专业性的问题，就表明他在不断思考、钻研。提出问题、分析问题、解决问题是科学研究的三部曲，也是论文写作的基本"套路"。对本科生来说，如果能在自己的专业内提出一个真正有意思、有价值、有实用性或理论深度的问题，实际上就成功找到了毕业论文的选题。所以，有问题意识是非常重要的。

当然，学术上的问题不是随便就能提出来的，需要对一个兴趣点保持持续的关注，对有关材料进行抽丝剥茧的分析，有时还需要一种机缘、一点灵气。有可能你在听讲的时候，在看书的时候，在做实验的时候，在做社会调查的时候，都会产生一些疑问，围绕疑问进行深挖和思考，多问几个为什么，就有可能问出有学术价值的问题来。

当然，有了问题还只是一个切入点，要把问题上升为成熟的毕业论文选题，还需要对问题进行深化和拓展，在论文写作过程中，还需要去寻找大量的材料来解答当初产生的疑问，也就是对问题进行解决或部分解决。但无论如何，我们都要培养自己的问题意识，一个从来提不出问题的学生，是很难有真正的学术见解的，也是很难写出有价值的论文的。

第二节　选题方法：如何选择合适的题目

我们知道，在毕业论文写作的过程中，有一个好的选题等于成功了一半。论文的选题要有现实针对性，有研究的必要性，还要有创新性、可行性，应该避免老生常谈和贪大求全。那么，如何才能在茫茫的学术大海中打捞到一个有价值的选题呢？我们可以从以下几个方面来思考。

一、开拓性选题

我们通过钻研、探寻，发现了一块学术处女地，以前没有人研究过。这可是一件了不起的事情！如果发现的是一块新大陆，那将是一个学科领域的开拓；即使是一块小小的矿石，也是一个意外的惊喜。

不过，发现学术处女地太难了！所以，我们可以把目光投向一些冷门问题。热点问题研究的人自然多，竞争也激烈，如果你的思维不够前沿、信息不够发达，是拼不过别人的。冷门问题就不一样了，关注的人少，深入研究的人也不算多，只要你耐得住寂寞，坐一段时间的"冷板凳"，一定会有所发现，找到好的选题。

还有一种开拓性选题思路，就是关注一些区域性或具有地方特色的选题。如果你的选题是没有地域性限制的，那么全国人民都可以写，但如果你聚焦某一特定区域，比如粤港澳大湾区、岭南、粤西等，选题就有了很强的区域性，也就在一定程度上具有了排他性。如果坚持研究，成果集中、丰富，还很容易形成鲜明的地方特色。区域性或有地方特色的选题，在语言沟通的高效性、资料查找的方便性和研究成本的节约等方面都具有先天优势，是那些不在本地的研究者无法比拟的。比如岭南师范学院的陈云龙教授，利用得天独厚的区域性条件，带领他的团队（包括学生）长期从事粤西方言、雷州半岛方言的海外传播等方面的研究，成功申报了国家社科重点课题，以及国家语委、教育部多项课题，取得了丰硕的成果，形成了鲜明的研究特色。这一路径完全可以作为同学们论文选题的参考。

总之，开拓性选题具有一定的开创性，容易出新，甚至可以填补某一方面研究的空白。

二、积累性选题

当然，开拓和创新都不是那么容易的，更多的时候我们采用的是第二类选题方法——积累性选题。

首先，我们优先选择那些自己熟悉的对象和领域，从中提取论文的选题。因为熟悉，所以占有的资料比较丰富，对研究对象的了解广泛，比较容易从有价值的角度切入，也相对有把握完成。如果是完全陌生的领域，还要开生荒，那么需要投入的时间和精力可想而知。比如有的同学从小就看武侠小说，对金庸、古龙、梁羽生的作品信手拈来，说得头头是道，那就可以试着从武侠小说里选题；有的同学对博客、微博、微信公众号等很熟悉，微博粉丝上百万，经常写出"10万＋"阅读量的公众号文章，那就可以从电子媒介传播或自媒体营销等方面选题。

其次，同学们还可以从自己感兴趣的、一直追踪的人物或话题中寻找选题。比如你很喜欢某一位作家，一直关注着他的微博，他的每一本新书出版、每一篇作品发表你都如数家珍，他几乎所有的会议发言、专题访谈和新闻报道你都很了解……这样一直追踪的对象肯定可以作为毕业论文的选题方向，也很容易写出自己的独到见解。

如果我们没有熟悉的、感兴趣的对象，则可以通过文献检索，从已知追溯。这是一种常见的选题方法。当我们对某个研究对象只有粗浅的了解，或只是基本确定大致的研究范围，对研究的方向和角度还十分模糊时，便可通过文献检索了解已有的研究主题分布和热点所在，然后通过综合分析别人的研究，从中受到启发，从而进行深入思考，发现新的研究主题，或找到与现有主题相关却不尽相同的新的切入点。

最后，论文选题还可以和课程、研究项目相结合。同学们在上课的时候受到了启发，在学习的过程中产生了疑问或发现了问题，都可以作为毕业论文选题思考的起点。况且，现在很多大学生都参加了"挑战杯""大学生创新创业训练计划项目"，或者参与了老师的科研工作，有条件的学校甚至面向本科生征集科研、教研和教改项目，这些学生如果能将在这些项目中的思考和毕业论文写作结合起来，无疑是一个非常好的选题途径。

总之，积累性的选题要求同学们有一定的学术积累，从熟悉的、一直追踪的、已有一定研究的对象出发，或者通过检索从已知追溯未知，从而补充前说，充实他说，完善己说，在已有的研究基础上有所推进。

三、颠覆性选题

颠覆性选题通过指出已有研究成果整体或部分的错误，或者观点、材料等的不完善，从而确立自己观点的正确性，实现自身研究的创新性价值。

第一种是推翻成说，批驳错误。这种选题具有明显的否定性。我们仍以学术论文为例。比如郭勇健《驳"美是意象"说——与朱志荣先生商榷》[1]一文认为，朱志荣先生提出的"美是意象"说在基本命题、论证方式、思想渊源三个方面都可能存在问题，"美是意象"这一命题

---

[1] 郭勇健：《驳"美是意象"说——与朱志荣先生商榷》，《社会科学战线》2019年第4期。

作为定义是不完整的，作为学说，也有明显的缺陷和漏洞。论文实际上从总体上否定了"美是意象"这一学说。

第二种是批判性批评。这种选题对研究对象进行批判性研究，具有一定的否定性。如刘川鄂《"池莉热"反思》[1]认为，池莉在20世纪八九十年代的成功得益于她对世俗的表现和认同，池莉的作品不能丰富我们对人性的理解，也很难说有多少独特的审美创造，还存在着很多明显的硬伤；池莉是一个小市民、名作家，我们应该对"池莉热"进行冷静的反思。这实际上是对作家池莉的创作进行偏向于否定的批评。当然，也可以对批评家的批评进行批评，如孙桂荣《"俗"何以成为"媚俗"——"'池莉热'反思"的反思》[2]认为，对池莉小说的批判是批评家对"文学消费化"的反对，池莉小说的内容"俗"，但并不等于池莉"媚俗"；黄自华《批判的快感与尴尬——池莉批判的批判》[3]认为，池莉不是"媚俗写手"，批评家对池莉的批评是为了获得批判的快感。这两篇文章选题的着眼点都是对池莉批判的批判，也是一种批判性批评。

第三种是学术争鸣。这种选题是基于学术观点不同而与人商榷，虽然具有明显的倾向性，但尚无定论。如王洪才《教育学：人文科学抑或社会科学？——兼与张楚廷先生商榷》[4]一文。针对张楚廷先生关于教育学是研究人的学问，是人学，所以属于人文科学的观点，王洪才认为，从历史上看，教育学由传统的人文科学已逐渐转向社会科学，而在20世纪中叶之后，教育学也出现了向综合科学方向发展的态势，

---

[1] 刘川鄂：《"池莉热"反思》，《文艺争鸣》2002年第1期。

[2] 孙桂荣：《"俗"何以成为"媚俗"——"'池莉热'反思"的反思》，《东岳论丛》2009年第5期。

[3] 黄自华：《批判的快感与尴尬——池莉批判的批判》，《小说评论》2004年第6期。

[4] 王洪才：《教育学：人文科学抑或社会科学？——兼与张楚廷先生商榷》，《教育研究》2012年第4期。

在当下则呈现出多元化的发展，将其作为综合科学更有利于教育学学科的自身发展。这显然是一篇通过与人商榷，表达不同学术观点的文章，也是颠覆性选题的一种。

　　选题是论文写作的重要环节，一定要认真对待。不同的选题方法有不同的特点和要求。开拓性选题容易出新，但需要有敏锐的学术眼光；积累性选题"水到渠成"，但平时的学术坚持十分重要；颠覆性选题有利于建立己说，但需要写作者自身有很强的专业素养和学术根底。大家可以根据自己的具体情况选择合适的选题方法。

第三节　如何撰写提纲

　　清代戏剧理论家李渔在《闲情偶寄》中将写文章比作建房子，他说："先筹何处建厅，何处开户，栋需何木，梁用何材，必俟成局了然，始可挥斤运斧。"[1]建房子先要弄清结构和材料，布好局之后才开始动工。写论文也是这样，在正式开始写作之前，要清楚你的论文写什么，怎么写，分几个部分，每个部分讲什么，用哪些材料来支撑你的观点，等等。实际上，把这些想法加以整理，就是论文的提纲。

一、提纲的作用

　　为什么写论文要有提纲呢？论文的提纲有什么作用？
　　提纲是论文的骨架，是工程的图纸，它是整个论文的整体框架和

---

[1] 李渔：《闲情偶寄》，浙江古籍出版社，2011，第2页。

总体设计。如果没有提纲，想到哪儿就写到哪儿，想怎么写就怎么写，最后论文往往会显得逻辑混乱，结构失调。

提纲有利于写作者理清论文思路，明晰论文结构，从而实现对论文的整体把握。毕业论文写作是学术写作的一种，不同于文学创作的灵感思维，它需要很强的理性思维和逻辑性。观点的确立，架构的搭建，脉络的形成，关系的梳理，都需要有较为明晰的提纲来保证，有了提纲，便能做到纲举目张，牵一发而动全身。

有了提纲才能合理地安排材料，有条理地展开论述。提纲一般都是从大到小，由总到分，由粗到细，一步步明晰、具体，最后落实到与每一个层次相对应的论据材料上去。众多的材料如何准确归类，各个分论点如何找到自己的位置，都需要通过提纲这个"织布机"把混乱的线条有条不紊地织进"布"里去。

有了提纲，还有利于对论文框架进行调整、修改。当我们初步列好了论文的提纲之后，整个论文的"战场"就拉开了，各章节的布局就是排兵布阵。当我们回头仔细检视提纲的时候，可能会发现一些逻辑上的小问题，需要对局部进行微调。有了提纲，调整起来就会方便而高效，就像调动一支部队，不需要命令每一个士兵，只需要命令长官就能实现。

二、提纲的内容

提纲是论文的总体框架，主要包括论文的中心观点、主要内容及相关论证材料等。

1. 标题

标题一般包括研究对象、研究主题和研究角度。提纲的标题可能和论文最终定稿的标题有所不同，但是如果选题的时候经过了认真思考，标题也就基本确立了，之后不会有大的修改。

2. 总论点

总论点是关于整个论文的总体观点，用简洁的语言准确地提炼出来即可。这一部分也可以介绍论文研究的背景、意义、现状、创新点等。在最终的论文中，这部分也叫绪论。

3. 标号式层次标题

这是论文的分论项，表明这篇文章分为几个大的部分来论述。如果论文篇幅不大，则用"一、""（一）""1.""（1）"等把论文的层级呈现出来。每个部分附上能概括该部分内容的，能表达完整意思的句子，并可在主题句之下简略地附上该部分关键的论据材料。

4. 结论

用简洁的语言对论文的论述和观点进行总结，形成结论。或对论文进行总结陈述，形成一段结语。

当然，简洁的提纲并不一定要将论点和结论完整写出，具体的论证材料也可以不予呈现，只要将论文的标题和各部分的章节标题呈现出来即可。以下是岭南师范学院汉语言文学专业梁紫颖同学毕业论文的提纲（交给指导老师的电子版）：

《论网络文学的互动化创作》论文提纲

前言
一、网络文学创作中的互动性
二、网络文学互动化创作的类型
　（一）作者为主体的创作
　1. 对更新频率的互动
　2. 对更新内容的互动
　3. 对新作品的互动

（二）作者与读者共同创作

　　1. 即时性接龙创作

　　2. 网络同人作品创作

　　3. 文章大纲与内容的合作创作

　　4. 人物设定与内容的合作创作

　三、网络文学互动化创作的影响

　　（一）对网络文学创作主体的影响

　　（二）娱乐化、商业化趋向

结语

这个毕业论文提纲虽然看似简单，但能够让老师和自己清楚论文的对象、角度、主要观点、结构、层次、详略等，就已经合格了。

三、撰写提纲的要求

1. 层次清晰，一目了然

论文分为几个部分，每个部分又分为几个小的层级，都需要在提纲中显现出来。这样，指导老师就明白你的想法，自己也可以很清晰地了解自己的构思。从上述《论网络文学的互动化创作》论文提纲可以看出，除了前言和结语，该论文拟分三大部分，分别论述网络文学创作的互动化问题、网络文学互动化创作的类型和互动化创作的影响。其中分析互动化创作的类型时，又分为作者为主体的创作和作者与读者共同创作两大类型；分析互动化创作的影响时，又分为对创作主体的影响和对文本的娱乐化、商业化影响两个部分。整个论文的框架和层次很清晰。

2. 结构完整，布局合理

提纲应该呈现的标题、引论、本论、结论等部分最好要完整；应该把绝大部分的篇幅放到本论,也就是具体展开论述的部分,不能主次颠倒。从上述《论网络文学的互动化创作》论文提纲可以看出,该论文论述的重点在第二大部分,即两种类型的互动化创作:在分析作者为主体的创作时又从更新频率、更新内容和新作品的互动三方面切入;在分析作者与读者共同创作时又从接龙创作、同人作品创作、大纲与内容的合作创作和人物设定与内容的合作创作四方面切入。这样的布局详略得当,重点突出,较为合理。

3. 逻辑严密,自成一体

论文的实质是用论据严密地证明论点,所以绝不是一段一段文字的堆砌,而是应该体现出严密的逻辑关系。各部分之间可以是平行或递进的关系,整体上又应该体现出层层深入的逻辑关系,使整个文章呈现总—分—总的整体结构关系。严密的组织结构和逻辑关系使得整个论文相互交织,自成一体,而不是各自为政,一盘散沙。从上述《论网络文学的互动化创作》论文提纲可以看出,该论文先引入对象和问题,指出网络文学存在互动化创作的现象,并对这一现象进行总体分析;接着从作者主体、作者与读者两方面指出互动化创作的两种类型,并深入分析各类型的几种操作方式;最后从主体和文本两个角度分析这种互动化创作造成的影响。整个提纲体现出了论述对象自身的发展逻辑和研究者的思考逻辑,由果溯因,由现状而谈影响,纵深上注重主客结合,文学各要素都有涉及,思维比较立体化,基本做到了自成一体。

四、提纲撰写注意事项

论文的提纲应该随着思考的深入和新材料的占有而不断修改完善,但一旦基本拟定,就不要做大的变动,可以做局部"装修","地基"就不要动了,一切"推倒重来"的成本太大,时间也不允许。这就要求我们在确定选题的时候一定要思考成熟，不要想着先随便弄一个敷衍一下，等后面想好了再换。因为选题和提纲很大程度上是一体的，在定选题的时候就大致知道写什么、怎么写了。

论文的提纲必须上交指导老师审阅，通过后才能开展后续工作。否则你的初稿写了很多，老师认为提纲中的某个部分没有价值，要完全删除，那岂不是白白浪费了时间？就像走路，你只知道埋头往前走，快到目的地了才发现走错了方向，那损失可就大了！这是那些不善和导师交流，喜欢埋头苦干，甚至喜欢"先斩后奏"的同学应该注意的。

由于毕业论文管理系统上不需要提交，或者学生习惯等，又可能有些导师并不作要求，所以不少学生没有上交论文提纲。但还是建议同学们不要省略这个步骤，认真写好提纲，这样在正式开始初稿写作时便能胸有成竹。

【练习与思考】

一、选择

1. 以下不属于论文选题可行性考虑范围的是（　　　）。

   A. 大小合适　　　　　　　B. 理论性强

   C. 难易适当　　　　　　　D. 主客观条件能够完成

2. 以下关于论文提纲的比喻不恰当的是（　　　）。

   A. 骨架　　　　　　　　　B. 士兵

   C. 图纸　　　　　　　　　D. 织布机

3. 本教材中所说的积累性选题中的"积累"是指（　　　）。（多选）

   A. 有一定研究的对象　　　B. 有一直追踪的对象

   C. 有价值的全新对象　　　D. 有熟悉的对象

4. 论文的创新性包括（　　　）。（多选）

   A. 新材料　　　　　　　　B. 新方法

   C. 新语言　　　　　　　　D. 新观点

二、判断

1. 论文选题其实就是指导教师给学生分配论文题目。（　　　）

2. 区域性强或具有地方特色的选题在研究时往往有着很多先天优势。（　　　）

3. 指出别人的错误或不完善，也是选题的一种好方法。（　　　）

4. 论文选题要有现实针对性，所以不能研究纯理论的问题。（　　　）

5. 什么是论文选题的创新性呢？发现新材料、采用新方法、得出新观点三者缺一不可。（　　　）

6. 在论文选题时，可以对成说进行批判，也可以对批判进行批判。（　　　）

7. 论文提纲不仅要有标题，还要有层次标题。（　　　）

8.论文写作是一种灵感写作,想到哪儿写到哪儿,思维不能在一个地方固定,所以列了提纲也没用。(　　)

9.写好提纲之后就可以开始论文的正式写作了,待写完初稿一起交给老师审阅即可。(　　)

三、简答

1.毕业论文选题有哪些方法?

2.一个简洁版的毕业论文提纲包含哪些内容?

四、思考

结合自己的专业,提供几个本科毕业论文的选题方向。

第三章
毕业论文开题

第一节 如何写好开题报告

当我们确定好毕业论文的选题之后,就要开始准备论文开题了。在论文正式开题之前,我们要写好开题报告。那么,开题报告到底是什么呢?

开题报告是论文选题确定之后,学生撰写的论文写作方案,包括选题意义、研究状况、创新之处、研究内容、研究方法、研究计划和参考文献等。

开题报告是对整个研究和论文写作进行的总体安排,能促使学生在独立撰写的过程中将选题时的思考进一步成熟化,有利于学生想清楚为什么要选这个题目,自己要做一些什么事情才能完成这项研究。在这个思考和不断自我否定的过程中,学生的专业素养和创新能力都能得到很大的锻炼。

开题报告需经过指导教师认可,论文指导小组或院系同意后才能正式开始论文写作。如果开题不被看好,即老师们认为现有写作方案不够成熟或不可行,则需对开题报告进行修改或调整方向后重新开题。

开题报告是对论文写作的整体思考和总体安排,尤其是进度安排要合理,有的学校还会对论文写作进行中期检查,以确保按时完成。所以,虽然开题报告不是正式论文,但还是很重要的,要认真对待。

下表是本科生毕业论文开题报告的样例:

×××××× 本科生毕业论文（设计）开题报告

论文题目					
学生姓名		二级学院		开题日期	
学　号		专　　业		指导教师	

1. 本课题研究意义及国内外发展状况：

2. 研究内容：

续表

3.研究方法、手段和进度：   学生（签名）：
4.参考文献：
5.指导教师意见：   指导教师（签名）： 年　　月　　日
6.二级学院意见： 二级学院（盖章） 年　　月　　日

说明：开题报告应在教师指导下由学生独立撰写。在毕业论文（设计）开始两周内完成，交指导教师审阅，并接受二级学院和学校检查。

下面我们来具体了解一下完整的开题报告每一部分的内容该怎么写。

一、选题的目的与意义

这是论文选题和写作最重要的一点，讲清了这一点，整个课题研究和论文写作才有存在的必要；明白了这一点，研究过程中才不至于像无头的苍蝇，整个论文才能够立起来。

明确选题的目的与意义需要回答这么几个问题：你的研究是在什么样的背景下展开的，也就是"为什么选择这个题目"？你的选题价值和重要性何在，也就是"这个选题为什么值得研究"？你的研究目的是什么，也就是"研究是为了什么"？是为了解决某个实际问题，还是为了厘清理论难题？根据研究目的提出问题，明确概念定义，界定研究范围。

需要注意的是，在撰写开题报告的阶段，论文还没有正式开始写作，所以这一部分的叙述应采用将来时，即"本选题将……"，而不要使用"本选题研究了……"等过去时态。

另外，本部分文字要简洁，最好分条列出，概括选题的理论意义和实践意义，指出其理论价值和应用价值，使人一目了然，比笼统的一段话要好。

二、研究现状（国内外发展状况）

这部分主要阐述自己选定的研究课题，国内外有哪些人对其进行过研究，这些已有的研究涉及哪些方面，取得了哪些成就，接下来的研究趋势将向哪个方面发展，还有哪些方面可以做进一步的研究。目的在于增强学生对相关研究认知的深度和广度，促使其弄清研究的前沿所在，从而找到自己研究的起点。

这一项内容实际上就是文献综述。这是写开题报告之前就要做的工作，通过查找文献和对文献的阅读分析，指出相关研究已有的研究基础、标志性成果和学术前沿所在（重要的和最新的）。具体来说，在对文献进行简单的概述之后，对已有的研究文献进行分析，指出目前已有研究的不足之处，甚至发现前人研究留下的空白点。

在对文献进行综述时需要注意以下几点：

第一，文献综述的概述部分主要说明在何处通过何种方式查找到何种文献，将从何角度进行分析。

第二，这里的文献范围既包括国内文献，也包括国外文献；文献形式既包括著作、论文，也包括档案、标准等。

第三，对文献的分析包括统计分析、内容分析等。分析是对文献的归纳整合、评价探讨，而不是简单分类甚至直接罗列。

第四，文献分析应该包括成就与不足，可以从对研究对象的把握是否准确全面，研究方法是否新颖和恰当，研究内容是否可以深度拓展，研究是否代表了学术前沿等方面进行思考。

三、创新之处

创新之处也就是你的研究不同于别人的、有价值的创新点。在分析研究现状的不足之处后，自己的研究就可以从别人的不足之处深入展开，自然而然引出创新之处，从而将研究向前推进。本科毕业论文可能暂时还无法做到真正的学术创新，但要有创新意识，要认识到创新的必要性并努力争取创新，而不要因为达不到创新转而否定毕业论文写作的合理性。

有的本科毕业论文开题报告表中并没有要求填写创新之处，这时我们可以把创新之处用简洁的语言写进研究内容的主要观点一栏，或者在指出现有研究成果的不足时加以提及。陈述创新之处时需要注意以下几点：

第一，创新在于"新"，不能把常识性的、教材里的和已有的研究结论当成创新。如何衡量是否创新，就需要广泛地搜集资料，弄清课题的研究前沿，必要时进行查"新"。

第二，慎言"空白"。学术空白的发现并不容易，所以不要动不动就说自己"填补了空白"。很多时候表面上看是"空白"的地方，实际上可能是自己的视野不够广阔，或者别人觉得没有价值而放弃，甚至是太难开展研究而避开的地方。

第三，不要畏惧创新。其实，创新的外延是广泛的。所谓创新，可以是内容、观点的创新，也可以是方法、手段的创新，对人文科学而言，甚至可以是证据、史料的新发现。只要你和别人的研究不一样，同时又有一定的价值和意义，就是一种创新。不要认为创新是"大佬"们的专利，凤凰鸣，小鸟也鸣，本科生也能做属于自己的学术，优秀的本科毕业论文也能产生有价值的学术观点。

四、研究内容

这一部分主要解决"将要研究什么"的问题，需要回答：研究对象和范围是什么？从什么视角切入？从哪些方面进行研究？主要观点有哪些？

研究内容是选题思路的具体实施，是论文提纲的细化和扩充，所以，可以填入经指导老师同意并修改完善后的论文提纲的相关部分，作为研究内容的主要部分。

从文字上来说，研究内容中的"分几部分"实际上就是提纲中的章节标题，但要对每个部分进行简要的阐述，不能只有一个孤零零的章节标题；"主要观点"可以在"分几部分"之后分开阐述，也可以将其分散到各个部分之中。

在开题报告中，有些内容是隐性的，不会直接出现在论文中，只是在背后帮助写作者完成论文，如研究方法、进度安排等。但研究内容是和最终成文的论文关系最密切的,它会以章节标题、目录等形式直接进入论文,所以一定要加以重视。

五、研究方法

研究方法也就是如何进行研究。科学研究就是一个不断逼近真相、接近真理的过程,人文科学的阐释和理解也同样重要,采用不同的方法进行研究,可能直接影响到研究的效果、结论。

毕业论文写作常见的研究方法如下:

1. 观察法

观察就是用眼看,或者亲身体会,分参与型(参与者和研究者)和非参与型(旁观者)。观察的时候要边观察边记录。记录要详细,重细节,如果只记一些粗枝大叶,到时候就什么也想不起来。记录的时候可以采用文字、图片、声像等多种方式,避免抽象概括式的记录。

2. 访谈法

访谈法是一种通过口头谈话获取资料的研究方法。访谈法对访谈者的要求比较高,而且访谈前要做好准备,拟好提纲;访谈中要收放自如,做好记录;访谈后做好资料分析和有用信息的提取工作。比如南开大学社会工作专业郑广怀的毕业论文《离婚对子女的影响——天津市个案访谈的资料分析》[1]就采用了访谈法,在对天津市400个单亲家庭进行问卷调查的基础上,抽取8个家庭进行个别访谈,通过访谈分析父母离婚对子女在社会交往能力、亲子沟通、学习、心理及情绪等方面的影响,最后提出相应的建议。

---

[1] 郑广怀:《离婚对子女的影响——天津市个案访谈的资料分析》,载王汉生主编《新世纪中国大学生(文科学士)毕业论文精选精评·社会学卷》,西苑出版社,2002,第243—266页。

观察和访谈都是田野调查，侧重于实地考察、现场调研，能够得到书本上得不到的东西。在新闻、历史等专业，与现实结合紧密的选题用得比较多。

3. 文献研究法

文献研究法就是根据自己的研究主题确定文献的查找范围，去图书馆等地方查找相关的文献，通过对所获取文献的阅读、分析，提取出对自己的研究有用的材料或者观点。文献研究法是一种运用非常广泛的研究方法，几乎所有文科专业的毕业论文都需要用到，对中文、历史等注重文本和史料的专业来说更是必不可少。

4. 调查研究法

调查研究法是指通过问卷、电话、网络等方式，对被调查对象进行调查，收集资料信息，通过数据分析自然而然得出新的结论，或对某种假设提供数据支持。这一方法程序较为烦琐，需要经过抽取样本、设计问卷、实施调查和数据分析等步骤，但它是一种实证研究，有数据有事实，可信度高，应用也很广泛。比如北京师范大学教育学专业吴海玲的毕业论文《小城镇建设过程中农村小学学生转学热的实证研究——关于江苏省大丰市西团镇的案例调查》[1]就采用了调查研究法，根据研究目的进行抽样调查，了解情况、分析问题，从而提出总结，进行讨论。

当然，观察法、访谈法和调查研究法有时是结合在一起的，做问卷调查的同时可以开展访谈，到达调查或访谈的地方后，可以有目的地观察，都是为了获取资料和事实信息。

---

[1] 吴海玲:《小城镇建设过程中农村小学学生转学热的实证研究——关于江苏省大丰市西团镇的案例调查》，载杨东平主编《新世纪中国大学生（文科学士）毕业论文精选精评·教育学卷》，西苑出版社，2002，第173—193页。

5. 比较研究法

比较研究法一般是指跨文化、跨学科或者在学科内部对两个对象进行比较，寻求同中之异、异中之同的方法。比如中国的鲁迅写过《狂人日记》，俄国现实主义作家果戈理也写过《狂人日记》，我们知道，果戈理逝世的时候鲁迅还没有出生呢，那为什么这两篇小说连题目都一样呢？鲁迅有没有受到果戈理的影响？两篇小说各自产生的背景是什么？有什么相似之处，又有什么不同之处？如此等等，都可以进行比较。

不仅可以比较两部作品，还可以比较两个作家。如浙江大学汉语言文学专业陈洁的毕业论文《对民族与时代的超越——鲁迅与普希金之比较分析》[1]就是对两位作家的整体比较，从精神内涵、创作方法、叙事技巧、语言风格等方面展开，总结了他们在继承本民族文化的同时，所形成的某种超越的共性。

比较研究法不仅是一种论文写作的研究方法，而且以这种研究方法为依托，发展出了不少学科的分支，如比较文学、比较教育学、比较经济学、比较管理学、比较法学等，为学术研究、学科发展和实际问题的解决都做出了很大的贡献。

6. 数据统计法

数据统计法是定量研究的一种，它用数据说话，能够增强说服力，提高可信度。这种方法在微观经济学等学科运用比较普遍，语言学界也多有运用，也日益被文学研究者所汲取。在刘伟主编的《新世纪中国大学生（文科学士）毕业论文精选精评·经济学卷》一书中，北京大

---

[1] 陈洁：《对民族与时代的超越——鲁迅与普希金之比较分析》，载陈平原主编《新世纪中国大学生（文科学士）毕业论文精选精评·文学卷》，西苑出版社，2002，第41—60页。

学金融学专业曾晓洁的《风险资本市场的代理风险及其控制》[1]，南京大学经济学专业马俊的《中国省际间经济增长差异：基于收敛性理论的分析》[2]等毕业论文，都采用了数据统计法绘制了详细的表格，为相关论述提供了较为翔实的数据基础。

孟兆臣的文章《从统计数据看小报中的现代文学史料》[3]运用数据统计法对1897年到1949年共235种文艺小报进行统计，绘制出这些小报的地区分布表、时间分布表、小说登载时间分布表等（见下图），由此得出相应的结论。这是文学研究借鉴其他科学研究方法，注重量化统计的典型例子。

地区分布表

地区	上海	北京	天津	福建	浙江	无锡	苏州	安庆	西安	扬州	烟台	武汉
报数	192	25	4	3	2	2	2	1	1	1	1	1

时间分布表

	1911年前	1911~1920	1921~1930	1931~1940	1941~1949
南方	11	12	86	56	37
北方	6	10	11	4	2
总数	17	22	97	60	39

小报小说登载时间分布表

	1911年前	1911~1920	1921~1930	1931~1940	1941~1949
南方	31	325	712	1211	1528
北方	9	213	857	141	16
总数	40	538	1569	1352	1544

研究方法还有很多，远远不止上述几种。总之，方法是达到目的的手段，无所谓好坏，只有适合与否。研究方法的选择要和研究目的

---

[1] 曾晓洁：《风险资本市场的代理风险及其控制》，载刘伟主编《新世纪中国大学生（文科学士）毕业论文精选精评·经济学卷》，西苑出版社，2002，第288—307页。

[2] 马俊：《中国省际间经济增长差异：基于收敛性理论的分析》，载刘伟主编《新世纪中国大学生（文科学士）毕业论文精选精评·经济学卷》，西苑出版社，2002，第1—38页。

[3] 孟兆臣：《从统计数据看小报中的现代文学史料》，《社会科学战线》2008年第3期。

及研究的问题相适合，与不同专业、不同选题的特点相关。同一篇毕业论文，研究方法往往是多样的。

六、研究计划

研究计划也就是对论文写作整个过程的进度安排。

根据本科生的课程和实习时间的安排，毕业论文写作一般在第七、八学期进行，总体时间大约为5个月。当然，这只是一种理想状态，实际上同学们的论文写作进程可能会被各种事情耽误，甚至被主观拖延。有的同学刚开始对论文写作的时间安排得很好，什么时候开始搜集材料，什么时候整理资料，什么时候开始写论文，什么时候修改论文，什么时候完成论文并参加答辩，进度科学合理，信心满满。然而，实际上前面80%的时间都在忙其他的，甚至吃喝玩乐；离答辩只有1个月了，开始恐慌，然而，还是没有开始写；等只有半个月了，开始采用各种方法忙论文，本以为搞定了，结果论文通不过，延迟毕业！当然，这只是极少数现象，但是应该引以为鉴。

论文写作工作量大，耗时较长，应该定好计划，分步实施。开题报告中应该列出具体的日程表。

比如：

2018年11月1日—2018年11月15日：搜集资料，确定选题。

2018年11月16日—2018年11月23日：撰写提纲。

2018年11月24日—2018年11月30日：撰写开题报告，开题。

2018年12月1日—2019年3月10日：完成初稿。

2019年3月11日—2019年4月10日：修改，完成二稿。

2019年4月11日—2019年4月30日：继续修改，定稿。准备答辩。

当然，这是论文写作的大致时间安排，实际上可能无法精确到天，同学们抓住几个关键节点，总体上按照计划执行就可以了。

研究计划的制订还需要注意以下几点：

要注意时间节点，合理安排时间。研究计划的重要时间节点包括：搜集资料，确定选题；撰写提纲；撰写开题报告，开题；完成初稿；修改，完成二稿；继续修改，定稿，准备答辩。其中，确定选题、完成初稿和修改稿件等环节所花时间较长，应多留时间。特别是初稿写作，这是最重要的环节，应该安排大部分的时间。

时间安排的形式是自由的，可以按年月日来安排，也可以按周来安排。

各个时间节点在具体时间上要衔接紧密，不能出现空档，寒假等假期也要包含进去。

学校对学生毕业论文写作的几个重要时间节点都有具体的安排，比如开题时间、答辩时间等，引入了毕业论文管理系统的学校对中间环节的管理更加严格，所以，开题报告在时间安排上要与学校的总体要求相匹配，不能相差太远。学校对毕业论文的时间安排每年大致相同，具体可参照往年的情况。

七、参考文献

参考文献是指在资料查找过程中获取的，对论文写作有参考价值的著作、论文等文献。

写论文是不是必须有参考文献呢？这个问题需要具体分析。如果你是原创理论的贡献者，写论文时一般都是别人参考你的，你不需要参考别人的，自然也就可以不要参考文献了。但话说回来，因为我们一般都不是"大咖"，都是普通人，所以是需要参考文献的。参考文献的数量在一定程度上显示出论文作者对前人相关研究成果的了解程度，那些与论文主题相关性大的、重要的、前沿的成果，都应列为参考文献。

现实的情况是，在本科毕业论文写作实践中，绝大多数学校要求有一定数量的参考文献。参考文献的具体数量，因学校和学生层次的不同而各不相同，可能是10个，也可能是20个。有人说，本科毕业生的论文应有50个参考文献，硕士论文应有100个左右，博士论文应在200个以上（且有一定数量的外文参考文献）。你觉得有没有道理呢？

客观地说，对于刚刚接触学术研究的本科生来讲，要求毕业论文必须有一定数量的参考文献，固然显出了管理者一刀切的弊端，但是对于开阔学生的学术视野，促使学生了解学术前沿，避免闭门造车等还是大有裨益的。

需要注意的是，文科毕业论文的参考文献主要是著作和论文，可按类别分别列出，标明作者、文献名和出版信息等。开题报告中的参考文献不需要写页码，因为一般来说，此时还只是确定文献对论文写作有帮助，还不知道引用文字的具体所在。

另外，开题报告中所列的参考文献与毕业论文完成之后的参考文献可能会有不同，这是允许的。因为一个是论文的写作方案，一个是论文的最终成品，在写作过程中找到了更多更有参考价值的文献，是很常见的现象，也是应该提倡的。

第二节　熟悉开题过程

毕业论文开题不应该只填一张开题报告书，而应该举行开题会。举行开题会有很多好处：对于学生来说，能够提高毕业论文写作的紧迫感，并且激发创造性；对于老师来说，能够提高指导效率；对于论文写作整个进程而言，能够及时发现前期工作中出现的问题，并及时进行纠正。

总的来说，毕业论文开题会分为三大步骤。

首先是自我陈述。论文写作者根据开题报告的内容进行陈述，向参加开题会的老师介绍拟写论文的选题依据、研究目的、研究价值、研究现状、创新之处、研究方法、研究内容、研究计划等。着重介绍选题依据、研究价值、研究内容及创新之处，突出自己论文的立足点和独特性。陈述可以口头进行，也可以做PPT辅助完成。

其次是提问与探讨，也就是开题答辩。参加开题的老师针对学生的开题报告，对拟写论文的研究内容及研究构想等提出问题，学生针对老师提出的问题进行答辩，双方进行沟通交流。学生也可以就论文写作中的难点问题向老师请教，在相互探讨中将对问题的认识推向深入。

最后是评判与建议。参加开题的老师对论文写作者的开题报告进行总体评判，尤其对拟写论文的价值、创新性和可操作性进行评价，对薄弱环节提出改进性建议，并决定学生的开题报告是否通过。若通过，学生则可正式开始论文的初稿写作；若问题较大，老师则提出修改意见，甚至需要等待学生进一步完善后再次开题。

开题报告会需要注意以下几点：

第一，学生和指导教师，一定要提高认识，认真对待。开题是论文写作过程中必不可少的环节，无论是撰写开题报告，还是举行开题会，都是对论文的进一步明晰，对促进论文写作工作是很有好处的。所以，师生双方都不要嫌麻烦，要把开题会这一环节落到实处。那种把论文写好之后逆向"回填"开题报告的做法是不可取的。

第二，学生在举行开题会的时候不要隐瞒问题。开题答辩与论文答辩有很大的不同。开题的主要目的不是进行水平评判，更不是不让通过，而是对论文前期所开展的工作进行检查，发现存在的问题，帮助学生进行改进，所以不要害怕暴露问题，相反，学生应该抓住机会向老师请教，启发思维，使论文的研究思路更加清晰。

　　第三，如前所述，开题的目的不是让人不过，但是如果问题比较大也是不能掉以轻心的。所以，如果需要大改甚至重新开题，也不要灰心，立即调整即可；如果开题顺利，也不要以为万事大吉，马上要正式开始论文的写作了。加油，继续赶路吧！

【练习与思考】

一、选择

1. 撰写开题报告时应采用的叙述时态是（　　）。

　A. 未来时　　　　　　　　B. 过去时

　C. 将来时　　　　　　　　D. 现在时

2. 开题报告中的"研究现状"实际上就是（　　）。

　A. 研究课题　　　　　　　B. 研究对象

　C. 文献检索　　　　　　　D. 文献综述

3. 一般来说，研究计划中耗时最长的是（　　）。

　A. 文献检索　　　　　　　B. 选题

　C. 初稿写作　　　　　　　D. 论文修改

4. 文献综述中的文献形式包括（　　）。（多选）

　A. 国内文献　　　　　B. 国外文献　　　　　C. 著作

　D. 期刊论文　　　　　E. 电子资源

5. 以下研究方法属于田野调查的有（　　）。（多选）

　A. 文献研究　　　　　　　B. 观察

　C. 数据统计　　　　　　　D. 访谈

二、判断

1. 文献分析既应该包含成就，也应该包括不足。（　　）

2. 开题报告中所列的参考文献与毕业论文完成之后的参考文献应该完全一致。（　　）

3. 学生在举行开题会的时候不要隐瞒问题，相反，应该抓住机会向老师请教不明白的问题。（　　）

4. 在运用比较研究法进行研究时，一定要找准比较点，不能生搬硬套，胡乱比较。（　　）

5. 在撰写开题报告时，一般采用过去时态。（　　）

三、简答

1. 如何撰写合格的文献综述?

2. 毕业论文提纲的内容如何融入开题报告之中?

四、思考

学校硬性规定毕业论文必须有一定数量的参考文献,这是否合理?

第四章
文献检索

第一节　文献检索：科研寻宝必杀技

俗话说，巧妇难为无米之炊。没有好的食材，再高级的厨师也做不出可口的饭菜。写论文也是如此，尤其是文科论文的写作，文献资料贯穿始终：在论文选题确定之前就要开始搜集资料；正式开始论文写作的时候，绝大部分资料都要摆在案头；在修改定稿的过程中，很有可能需要更新资料。

可以说，文献资料是论文写作的宝藏，文献检索就是寻宝。只有掌握并精通文献检索，找到了真实、典型、充分、新颖的文献资料，才能支撑自己论文的观点，使得所下的判断有客观依据而非主观臆想；才能修正过去因文献不足做出的片面判断，使得新的结论更加接近真相；才能发现隐藏和散落的史料，为现有研究提供新的证据。

所以说，文献检索是大学生必须掌握的一项基本的学习技能，是本科生这样初涉研究的人必须具备的科研素养。对于需要写毕业论文或课程论文的大学生而言，不会文献检索，就犹如一个盲人身处知识和信息的大海，即便你是掌舵人，也不知道要将船驶向何方，更不知道哪里有闪闪发光的金银宝藏。只有了解了文献检索的途径，掌握了文献检索的方法，尽可能全面地占有文献、获取宝藏，才能进入科学研究和论文写作的大门，较好地完成毕业论文写作任务。

第二节　文献检索的途径与方法

文献检索的途径和方法是多种多样的。在信息化时代，我们首先想到的第一个渠道，可能就是网络资源。

一、搜索引擎

搜索引擎可以利用其超强的信息抓取能力为我们迅速找到包含搜索关键词的信息资源。我国现在用得较多的搜索引擎有360搜索、搜狗搜索、神马搜索等，但排在第一位的还是百度搜索。虽然近些年因其竞价排名机制造成广告泛滥等弊病，由此导致公众对搜索引擎运行和审核机制的质疑，但并没有对百度的地位造成影响。坊间流传着一句话："有事儿不懂怎么办？问度娘啊！"的确，从资源搜索的角度看，我们可以利用百度等搜索引擎进行网络资源查找，方便又快捷，何乐而不为呢？

当我们利用搜索引擎来进行资源查找的时候，可以了解与论文主题相关的知识和资讯；可以以搜索反馈的学术信息为线索，进行深入追溯，找到更有价值的资料；对于确实有参考价值的网络资源，经过核实之后可以引用，但要规范。比如我们在互联网搜索、博客、公众号等处浏览时，发现了一篇比较有价值的文章，从出处来看，是发表过的，我们就可以循着发表信息去中国知网等期刊网查找核对，核对好之后即可引用相关电子资源；如果在期刊网上没找到，可以去正规出版的纸质期刊、书籍中查找核对，核对无误后即可作为参考文献引用。

第四章 文献检索

对于搜索引擎而言,学术资源并不是它的主要内容,但也是一个不可少的板块。可喜的是,百度学术搜索已于2014年上线且初具规模,虽然还有很多需要完善的地方,但它能否成为中国的Google Scholar呢?我们拭目以待。

百度学术首页

百度学术搜索"茅盾文学奖"显示页面

我们也应该注意，毕业论文写作是一种学术研究，要求严谨、准确，用搜索引擎搜到的一般性资讯学术价值不大，所以，我们应该把更多的精力花在寻找与论文主题直接相关的资料上，而不能被淹没在非学术性的信息海洋之中。

另外，百度贴吧、百度百科、百科词条人人可以创建，人人可以编辑，虽然有机器和后台人员进行内容审核，但海量信息造成的审核难度可想而知，这就难免出现前后矛盾甚至错漏百出的现象。所以，用百度词条的内容来给一个概念下定义，很多时候不一定准确。我们不能将百度百科的文字作为我们认识事物的"标准答案"。"百度百科都是这么说的，有什么不对吗？"这是一种让人无语的反问方式，答案不言而喻。

最后，网络共享时代给我们带来方便的同时，也产生了很多问题，比如资源的准确性问题、文献来源问题、署名权问题等。所以，我们对百度搜索出来的很多信息都要进行辨析，在浏览百度知道、百度文库内容时需要特别注意，用作论文的参考文献时要十分慎重，认真核对。

不仅仅是百度，搜狗、360等其他搜索引擎也是如此，需要文献检索者自身特别注意。

二、数据库

其实，更有价值的网络资源保存在一些正规的研究机构提供的数据库中。学校图书馆购买的数据库是首选。这样的数据库很多，不同的学科有不同的常用数据库。这里仅以中国知网为例，说明如何使用数据库进行文献检索。

第四章 文献检索

中国知网首页

中国知网，简称 CNKI（China National Knowledge Infrastructure），即中国国家知识基础设施工程。它是一个巨无霸类型的信息化建设平台和网络出版平台，一般进行学术研究查找资料的时候，都要进入它的资源总库进行文献检索。

如何进行检索呢？进入中国知网页面，选择文献检索，为了检索到更多资源，一般采用跨库检索，选择相关的数据库，然后选择检索字段（检索项）：主题、关键词、篇名、摘要、全文、作者、作者单位等。在条形框中输入检索词（关键词），点击右边的搜索键进行检索，就会立即反馈出检索结果。你还可以再输入一个检索词，点击"结果中检索"，相当于执行了一次同时满足两个检索词的检索。在分组浏览里面，通过"主题"可以看出文献与你的论文选题的远近关系；通过"发表年度"可以看出各文献的新旧，因为最新的成果总是能够引起更多的关注；通过"机构"可以大致看出文献作者的层次分布。在文献列表中选择排序方式和显示设置，找到你认为有价值的文献进行阅读或下载，也可以在左边方框中勾选要下载的文献进行批量下载。

065

以下举例说明如何在中国知网进行初级搜索。以林徽因为例，在知网总库中搜索篇名"林徽因"，得如下页面：

题名	作者	来源	发表时间	数据库	被引	下载	操作
1 作为建筑学家的林徽因	李艳	福建日报	2021-02-09	报纸		25	
2 候忽人间四月天——回忆我的母亲林徽因	梁从诫	闽都文化	2021-01-25	期刊		13	
3 林徽因"建筑意美学"的艺术特征及美学意义	马雪	美术大观	2021-01-15	期刊		14	
4 论林徽因诗歌中的"建筑意"	郑悦;李红秀;王杰廖	教育教学论坛	2020-12-23	期刊		64	
5 林徽因的独特人生与文学创作	段继红	名作欣赏	2020-11-10	期刊		112	
6 歌剧《再别康桥》中林徽因戏剧形象的塑造	王香玉	艺术研究	2020-10-15	期刊		74	
7 追忆林徽因的最后一课	王世仁	上海采风	2020-10-15	期刊		18	
8 消费文化下的"林徽因热"解读	许陈颖	牡丹江教育学院学报	2020-09-28	期刊		73	
9 《林徽因文集》：建筑大师的文学情	张米娜	建筑学报	2020-09-20	期刊		119	
10 "诗意的塑像"——看歌剧《林徽因》有感	卜大炜	歌剧	2020-09-15	期刊		9	
11 "康桥诗人"徐志摩与林徽因、陆小曼的爱恨情仇	王楚健	鸭绿江	2020-09-10	期刊		67	
12 林徽因与陆小曼的迥异人生及教育启示	李萌洁	开封文化艺术职业学院学报	2020-08-20	期刊		68	
13 歌剧《林徽因》中林徽因的主题咏叹调"莲灯"的演唱分析	王晓青	岭南音乐	2020-08-15	期刊		42	
14 论林徽因小说《九十九度中》的现代叙事技巧	刘小平	齐齐哈尔师范高等专科学校学报	2020-07-25	期刊		87	
15 一个真实的林徽因	管飞	中国图书评论	2020-07-10	期刊		122	
16 新时期以来林徽因批评的研究	周子微	河北师范大学	2020-06-01	硕士		142	

在当前页面中搜索篇名，输入"诗歌"并点击"结果中检索"，得如下页面：

第四章 文献检索

	题名	作者	来源	发表时间	数据库	被引	下载
1	论林徽因诗歌中的"建筑意"	郑悦;李红秀;王杰彦	教育教学论坛	2020-12-23	期刊		64
2	林徽因——诗歌才女	彭向梅	疯狂英语(新闻版)	2020-04-25	期刊		16
3	浅谈林徽因诗歌中的"建筑美"特色	吴可欣	中国文艺家	2020-04-15	期刊		26
4	论林徽因抗战时期诗歌创作	葛月	北方文学	2019-08-23	期刊		23
5	林徽因诗歌与李清照词的创作比较	罗燕兰	广州广播电视大学学报	2019-02-20	期刊		298
6	林徽因诗歌创作风格浅议	陈新华	特区实践与理论	2018-12-08	期刊	1	422
7	林徽因诗歌中的移就修辞研究	刘家彤	林区教学	2018-09-15	期刊		277
8	林徽因诗歌中精神的现代性及美学意蕴	严敬华	散文百家	2018-05-15	期刊		34
9	徐志摩与林徽因《山中》同题诗歌比较	张文悦;黄德志	名作欣赏	2018-05-10	期刊		171
10	林徽因诗歌音乐性探析	李艳敏	阜阳师范学院学报(社会科学版)	2018-03-20	期刊	1	233
11	论冰心与林徽因诗歌理性精神的比较研究	周梅梅;殷惠美;黄先彬	科技资讯	2017-07-03	期刊		169
12	唯美与厚重——浅谈林徽因的诗歌创作	贾秀红	报刊荟萃	2017-06-10	期刊		15
13	闻一多、徐志摩、朱湘、林徽因、邵洵美诗歌导读	吴投文	阴山学刊	2017-02-20	期刊		246
14	诗歌里的真实——解读林徽因	王芳英	艺术品鉴	2017-01-01	期刊		37
15	含蓄、矜持、和谐——论林徽因诗歌的古典美	霍鹏丽	济源职业技术学院学报	2016-12-30	期刊		276
16	论林徽因诗歌的现代主义特质	王彬	中国文学研究	2016-10-30	期刊	1	407

这是初级检索，下面来看看高级检索。在左边"文献分类"目录这里选择文献类别，然后在中间对话框输入检索条件。与简单检索不同的是，高级检索可以同时满足多个检索条件，所以多了逻辑运算符：并含（AND）、或含（OR）、不含（NOT）。并含就是同时满足前后两个检索词；或含就是满足其中一个检索词；不含就是满足前面的检索词，同时把满足后面检索词的结果去掉。

高级检索页面

在进行文献检索的时候，既要保证一定的检全率，又要尽量提高检准率。这就需要合理选择检索项，科学设置检索词。比如我们要研究新婚姻法实施之后，夫妻双方财产的归属、离婚时的财产分割等问题，在中国知网查找资料。考虑到表达习惯等问题，在检索词的选择上应该将"夫妻财产"和"共同财产"两个意义相同的词都列为检索词。先以"主题"为检索项，检索"新婚姻法"并含"夫妻财产"，得到383条结果；检索"新婚姻法"并含"共同财产"，得到266条结果；检索"'新婚姻法'并含'夫妻财产'"或含"'新婚姻法'并含'共同财产'"，得到421条结果。（以上检索日期为2019年7月24日。）

第四章 文献检索

以"主题"为检索项,检索"新婚姻法"并含"夫妻财产"

以"主题"为检索项,检索"新婚姻法"并含"共同财产"

以"主题"为检索项,检索"'新婚姻法'并含'夫妻财产'"或含"'新婚姻法'并含'共同财产'"

  这个检索结果检全率高,但是文献过多,需要精简。如果把检索项改为"篇名",检索"新婚姻法"并含"夫妻财产",得到32条结果;检索"新婚姻法"并含"共同财产",得到2条结果;检索"'新婚姻法'并含'夫妻财产'"或含"'新婚姻法'并含'共同财产'",得到34条结果。(以上检索日期为2019年7月24日,检索结果略。)这个结果的检准率就大大提高了。如果浏览一下第一次检索的结果,挑选一些关联较大的文献与第二次检索的文献进行综合,文献检索也算是有效完成了。

  除了中国知网,还有很多其他的数据库,如维普中文科技期刊全文数据库、爱迪科森网上报告厅视频数据库、公元图片库、大成故纸堆、近代数字文献资源全库(全国报刊索引)等。特别是近代数字文献资源全库,包含了中国近代期刊资源全库、中国近代报纸数字文献全库、中国近代中文报纸全文数据库、中国近代图书资源全库等子库,是全国报刊索引依托上海图书馆制作而成,有着十分丰富的馆藏资源,是研究近代传媒、文学、文化、社会发展等必不可少的重要数据库。

除了中文数据库，还有很多各学科专有或综合性的外文数据库，如 ScienceDirect 数据库、EBSCOhost 数据库、SpringerLink 期刊全文数据库、ProQuest 教育期刊数据库、ProQuest 心理学期刊数据库等。

在数据库检索获取了别人的文章之后，还涉及文献的选择问题。以中国知网的论文文献为例，当检索到很多论文的时候，就要有所取舍。一般来说，面对几十上百篇甚至几百篇论文，不必每篇都下载阅读参考，有的只需要看标题，有的可以下载浏览以开拓思路，有的需要精读作为引用参考文献。我们可以从数据库所显示的不同维度来对论文进行衡量和取舍：从"题名"的角度来看，文章标题所示的研究内容与自己的毕业论文直接相关的要重点关注，相关性不大的可稍加关注或忽略。从"作者"的角度来看，如果写文章的人是专业内的著名学者，所属单位也是学术性很强的高校或研究机构，其论文就值得重视；相反，如果作者是学术新人，甚至是在校研究生，所属单位是各行各业，专业性不强，整个论文就一两千字，一看就是为了评职称"赶制"的，其论文就可以忽略。从"来源"的角度来看，应该优先关注那些专业期刊、核心期刊和重点高校学报上的论文，普通期刊和学报次之，至于那些出版周期很短、每期页码很多、字号很小、文章篇幅很短的刊物，甚至那些"灰色刊物"上发表的文章，尽量不要参考引用，会对学术的严谨性起反作用。从"发表时间"的角度来看，一般新的文章会更有参考价值，发表较早、比较经典的文章也可以参考，但那种发表了二三十年而又没有什么特殊价值的文章就没有参考的必要了。从"被引"和"下载"次数来看，被别人引用和下载得多的文章自有它的价值，而那些发表了很久却没有人下载、没有人阅读的文章，要么就是内容太冷僻，要么就是价值不大。

当然，以上对文献的选择方法只是一种相对快速的权宜之计，最根本的方法应该是从文章本身出发确定价值，而不是其他。

三、电子图书、电子期刊等

随着读屏时代的到来，很多人离纸质媒介越来越远了，很多图书馆也都开始缩减纸质书刊的购买，转而购买更加便宜、更易保存和查询的电子书刊。

比如龙源电子期刊、超星电子图书、畅想之星电子书、书生电子图书、爱学术外文原版电子书等，都有丰富的电子资源。一般的高校图书馆也都有自制的电子信息资源。中国国家图书馆同时也是中国国家数字图书馆，在这里，仅电子图书就有近200万种，加上电子期刊、电子报纸等，截至2020年底，各种数字资源存储总量达2274.5 TB。

这些电子资源虽然很多是纸质版的电子化，但也有相当一部分是没有纸质版的，为我们的文献检索提供了海量的信息。数字资源可获得性强，查询起来也十分方便快捷，绝对不能忽视。

四、图书馆

并非所有的资源都能从网上找到，现实中还有一个文献检索的圣地，那就是阿根廷作家博尔赫斯所说的，有着天堂般模样的图书馆。

每个学校都有自己的图书馆，这里是知识的高地、信息的海洋，也是大学校园里最具人文情怀的所在，是毕业之后最值得怀念的地方。

同学们在进行文献检索的时候，第一站应该去自己学校的图书馆。你想一想，如果你需要的文献就在你身边，无论是借阅还是阅览，甚至复印，岂不是很方便？当然，也许你学校的图书馆藏书不够丰富，有些资料没有收藏，那就得去其他图书馆了。如果你的论文选题专业性很强，你可以去所在专业排名前几位的学校的图书馆；如果你的选题地方性很强，那就可以去当地的地方图书馆碰碰运气，说不定能发现宝藏；当然，你也可以去中国国家图书馆，那是国家总书库，是全球最大的中文文献馆藏基地，那里的馆藏资源可以用"宏富"二字形容，馆藏文献总量达4108万册／件（截至2020年12月）。

现在去图书馆查资料，不再像以前抓中药一样，从卡片目录柜里面找卡片借书了，而是采用OPAC（Online Public Access Catalogue）检索系统，也就是联机公共查询目录。它可以通过网络方便快捷地查询馆藏资源信息，是传统检索方式的自动化。

OPAC检索系统页面

下面以中国国家图书馆为例，演示一下OPAC系统的使用。我们进入中国国家图书馆的馆藏目录检索，下拉，可选著者、题名、出版者等；我们以"著者"作为检索项，输入"刘川鄂"作为检索词，点击书目检索；系统返回了20条结果，我们再点击第2条《批评家的左手和右手》，就可以清楚地看到这本书的出版信息；点击查看馆藏信息，就可以知道这本书在馆内的索取号和借阅情况，即有一本已经借出，还有一本在架上。根据索取号，我们到架位导航的地点去借阅就可以了。

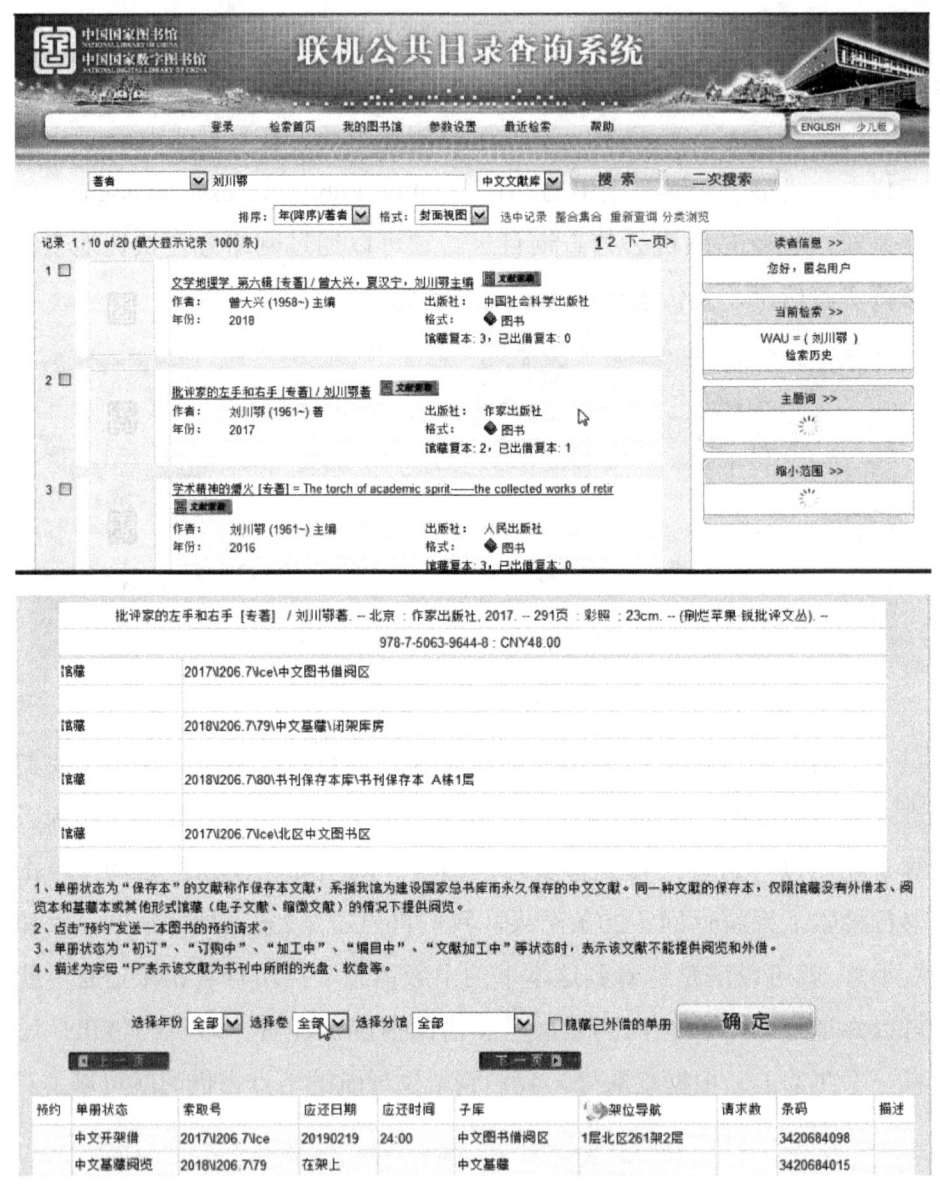

中国国家图书馆图书检索及馆藏信息页面

  专业不同，选库也有所不同：如果你是古代文学、古典文献学专业的，可以去古籍资源库；如果是现代文学专业的，可以去民国图书、民国期刊资源库。这些专门资源库对相关文献进行了汇集整理，检索和参考都十分方便。

第四章 文献检索

中国国家图书馆各专门资源库页面

我们还有必要了解一下CALIS，即中国高等教育文献保障系统。这是一个由教育部投资建设、北京大学负责运行管理的，面向高校图书馆，旨在实现高校成员馆之间文献、数据、软件等多层次共享的公共服务基础设施平台。

中国高等教育文献保障系统首页

中国高等教育文献保障系统于1998年启动建设，目前已经建成了联机编目体系等多个服务体系，形成了由全国中心、地区中心、省级

075

中心和服务馆组成的骨干服务体系，注册成员馆1800多家，是全球最大的高校图书馆联盟。

如何查找文献呢？我们从编目服务进入，可以看到CALIS联合目录公共检索系统，点击进入系统就可以开始检索了。我们以"题名"为检索项，检索加拿大麦克卢汉的著作《理解媒介：论人的延伸》，系统返回不同出版社不同出版年的共4个结果；根据需要选择版本，我们选择商务印书馆2000年出版的版本，点击"馆藏"的"Y"符号；从返回信息来看，共有46个图书馆收藏了这本书。我们可以根据具体情况，选择图书馆进行借阅。刚才我们说了，CALIS旨在实现成员馆间的资源共享，所以，你可以通过馆际互借和文献传递方式获取所需的文献，不过这是增值服务，需要收取一定的费用。

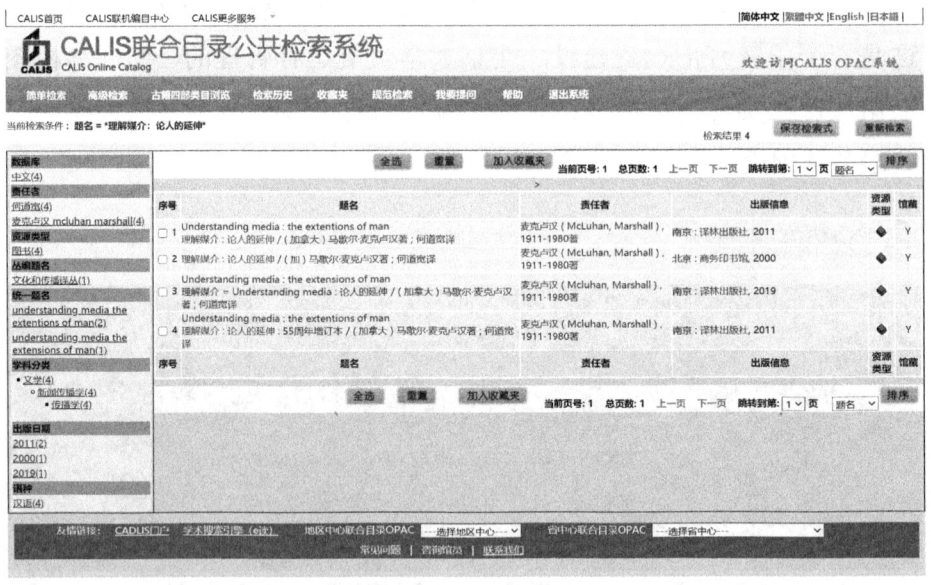

CALIS联合目录公共检索系统检索页面

第四章 文献检索

CALIS 检索返回结果

最后，还有一个重要平台 CASHL，即中国高校人文社会科学文献中心，此中心旨在为中国高校哲学社会科学教学和研究提供文献保障服务。截至2021年底，该中心收录了345万种纸质外文图书，面向 CASHL 馆际互借成员馆提供馆际互借服务；收录了20.7万种外文电子期刊，可提供文献原文传递服务。同时，高校读者还可以通过"CASHL 资源"和"特色资源"对收录的文章、图书、大型特藏文献、民国期刊等中文文献进行检索、查阅、下载、馆际互借和文献传递等。

CASHL 检索页面

总之,在图书馆以及图书馆联盟,我们可以查找图书、连续出版物和特种文献等;可以查找纸质资源,也可以查找电子资源;可以查找中文文献,也可以查找外文文献;可以借阅、馆际互借,也可以文献传递,还可以获取图书信息后自行购买。

查找到图书之后,也涉及如何对众多同质化的图书进行选择的问题。我们可以通过书名、出版信息、著者、出版社、出版年等进行选择。

书名会概括书的内容,也显示出图书的不同风格。有时从书名就可看出,哪些是严谨的学术书籍,哪些是普及性的大众读物,哪些是纯粹市场化的畅销书。写毕业论文一般都要选择那些专业性强的、严谨的学术著作。

图书的封面、版权页等处也隐含着一些信息,比如有些书是删减本,有些书是改写本,有些是专门给中学生阅读的,作为严谨的学术研究就不应该选择这些版本。

著者的学术威望、学术声誉、学术水平如何,是严谨公正的学院派,还是剑走偏锋的另类派,甚至是打着学术招牌的招摇撞骗者,都可以为我们的选择提供参考。

出版社也有专业出版社和非专业出版社之分,有权威出版社和普通出版社之别,在各个专业领域都有相对固定的口碑。比如人民文学出版社、作家出版社出版的文学作品,中华书局、上海古籍出版社出版的古籍书,中国社会科学出版社、商务印书馆出版的社科类学术著作,一般都是值得信赖的。反之,少年儿童出版社出版的《红楼梦》,其参考价值就值得斟酌,社科类出版社出版的理工类书籍也不一定是很好的阅读选择。

从出版时间来说,新出版的书在观念的新颖性、资料的丰富性上一般是有优势的。比如同是某一作家的全集,后出版的一般收入的作品会更全;同是某个作家的传记(甚至是同一作者所写),后出版的发掘出的史料往往更丰富,因为同一作者的同一本书,在二次印刷或再版时都会对前面的内容进行增补或修订,从而更加具有参考性。当然,早出版的书自有其价值,有时候我们为了了解初始状况、还原历史真相,最好去读初版本;而一些难以找到的、出版时间久远的早年著作,甚至是珍贵的孤本,其学术价值和版本价值不言而喻。

五、档案馆

档案馆是沉睡的资源库,是宝贵的研究文献的集中地,很多第一手资料都保存于此。比如,文学和历史研究中常用到的作家或历史人物的日记、手稿、书信、照片,社会科学研究所需的年鉴、统计数据、资料汇编等,都可以在档案馆找到。

档案馆属于公共文化建设事业单位,为学术研究提供帮助是档案馆工作的内容之一。带着学术研究的目的去档案馆查找资料,他们是持欢迎态度的,即使需要开个介绍信,也不是什么难事。所以,我们要充分利用档案馆的文献资源,不要再让那些宝贝年复一年躺在那里睡大觉了!

中国第一历史档案馆网站页面图

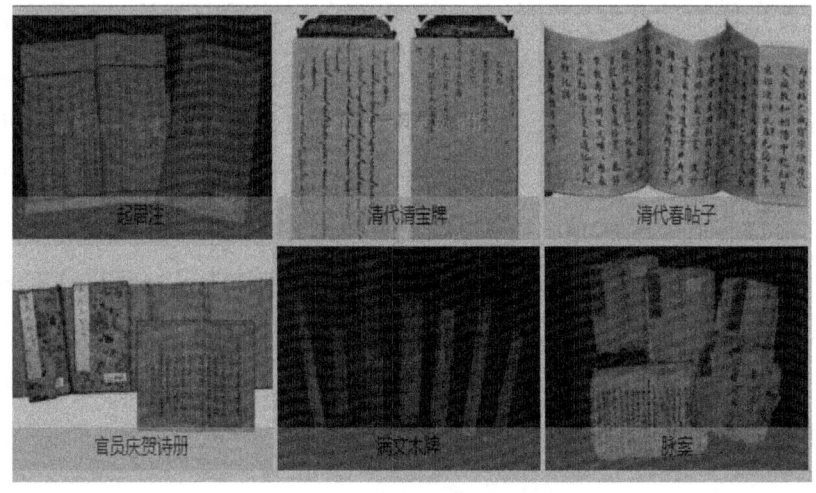

中国第一历史档案馆网载部分藏品图

六、田野调查

广义的田野调查，是指通过观察、访谈、实地考察调研等方式获取文献资料的一种方法。语言学、历史学、人类学、民族学、民俗学、民间文学与文化等专业和方向的研究者经常会进行田野调查，通过调查获得如家谱、碑刻、民间音乐、民间故事等资讯，为后续研究提供第一手资料。

正式开始田野调查之前要做好充分的准备。首先做好心理准备,调查不是旅游,不是走亲访友,是要吃苦的。其次做好专业准备,确定好主题,选择好对象,写好调查提纲,要最大限度地熟悉与调查主题相关的专业知识,对调查对象也要有充分的了解。最后要做好物质准备,如记录本、录音录像设备、生活必需品,最重要的是准备好钱。

在调查过程中要注意方法和技巧,并做好记录。调查结束后要及时对获取的文献资料进行整理分析。

田野调查要有实事求是的科学精神,不能随便对一手资料进行篡改,更不能虚构田野调查的经历。你研究碑刻就要去访碑,不能嫌远嫌累而不去实地考察,仅仅根据纸上的文字去断定碑文,这样极有可能出错。你研究雷州石狗,就要真正去田间地头搜集尽可能多的石狗,而不能满足于翻拍别人做好的画册。田野调查是很实在的工作,花费大,条件艰苦,工作强度大,需要的能力和素养比较高;做好了,收获也是很大的,可以获得原始的第一手资料,可以修正某些文献记载的错讹之处,甚至可以推翻原来的结论。所以,我们一定要重视田野调查。

20世纪20年代以来,王国维提出了注重物文互证的"二重证据法",陈寅恪后来将其概括为:"一曰取地下之实物与纸上之遗文互相释证""二曰取异族之故书与吾国之旧籍互相补正""三曰取外来之观念,与固有之材料互相参证"[1]。如何"取地下之实物"呢?就是依靠考古发掘沉睡地底的实物文献,考古其实也是田野调查的一种特殊形式。

七、口述史

口述史就是口述历史,是让有历史经验和记忆的人进行口头讲述,由访谈者进行录音(或录像)记录以保存历史记忆的方法。

---

[1] 陈寅恪:《王静安先生遗书序》,载《陈寅恪集·金明馆丛稿二编》,生活·读书·新知三联书店,2015,第247页。

利用口述史进行文献资料搜集的方法，在历史研究、媒介研究中经常用到。它往往能够获得第一手的证据，又因为被访谈者身份、年龄的特殊性，有时候甚至是在与时间赛跑。比如随着抗战老兵的一个个离去，抗战口述史的抢救式工作就显得非常迫切。

中国记忆项目是整理中国现当代重大事件、重要人物专题文献，采集口述史料、影像史料等新类型文献，收集手稿、信件、照片和实物等信息承载物，形成多载体、多种类的专题文献资源集合，并通过在馆借阅、在线浏览、多媒体展览、专题讲座等形式向公众提供服务的文献资源建设与服务项目。

中国记忆项目是新媒体时代以记录历史、保存文献、传承民族记忆、服务终身学习为宗旨的全国性文化项目，是图书馆文献采集、整理、服务以及社会教育与文化传播职能的新拓展，是图书馆变藏为用，加强文献整合与揭示力度的新举措。

中国记忆项目于2011年3月开始构思和策划。经过前期调研和项目建设方案的初步设计，国家图书馆将其作为2012年重点项目，推动项目进入实验阶段。2012年4月，中国记忆项目试点专题——东北抗日联军专题文献资源建设正式启动。该专题经过对原有文献整理和对口述史料、影像史料等新文献及相关照片、手稿、实物等的采集和收集，形成了规模可观的专题文献资源库，并于2012年"九一八"纪念日在国家图书馆网站进行了发布。与此同时，中国记忆项目"明代渤海积善堂手卷专题"、"冯其庸专题"等试点专题的资源建设也取得了丰硕成果。

中国国家图书馆"中国记忆"口述史项目简介

同学们可以尝试着进行口述史的文献搜集。当然，进行口述史访谈，在找到有价值的访谈对象、熟悉访谈技巧等方面要求比较高，如果你没有把握，可以转而搜集已有的口述史文献。

我们的口述史虽然起步较晚，但发展还是比较快的。目前，中国传媒大学专门设立了口述史资料馆；湖南省图书馆采录了"抗战老兵口述史"；中国国家图书馆早已启动了"中国记忆"项目，建设了20多个专题资源库……同学们的论文选题有涉及历史、文字、音乐、非物质文化遗产等内容的，都可以检索相关口述史文献进行参考。

当然，口述史对口述者的史学品格、人格和记忆的准确性要求很高，最好能够找到相关材料参证使用。

八、其他途径与方法

在论文写作过程中，我们可以通过各种渠道进行文献检索，尽可能全面地占有资料。除了去公共机构检索文献，还可以通过各种途径购买资料，如当当网、亚马逊等购书网站。如果需要古旧书籍，则可以在孔夫子旧书网、淘宝网的古旧书店购买，虽然有的是原版书的复制品，也是可以使用的。运气好的话，在附近一些旧书店、旧书摊也可以淘到一些资料。如果能够从已故的作者或被研究者家属手中得到一些书信、日记、照片之类，也是十分宝贵的。

【练习与思考】

一、选择

1. 联机公共查询目录的英文缩写是（　　）。

　　A. OPEC　　　　　　　　B. OPAC

　　C. APOC　　　　　　　　D. APEC

2. 如果要比较全面、集中地查找人文社科方面的外文文献，较为理想的数据库是（　　）。

　　A. OPAC　　　　　　　　B. CALIS

　　C. CASHL　　　　　　　　D. SCI

3. 如果要查找未刊手稿、名人书信、统计年鉴等文献，最好去（　　）。

　　A. 图书馆　　　　　　　　B. 档案馆

　　C. 博物馆　　　　　　　　D. 文化馆

4. 在文献检索中，表示满足其中一个检索词，应用逻辑运算符（　　）。

　　A. 并含　　　　　　B. 或含　　　　　　C. 不含

5. 利用搜索引擎等获取网络共享资源方便快捷，但用作学术研究时常常有一些问题，比如（　　）。（多选）

　　A. 资源的准确性　　　　　B. 文献来源

　　C. 文献下载速度　　　　　D. 署名权

二、判断

1. 当我们发现需要的资料自己学校的图书馆没有而其他图书馆有收藏，可以申请馆际互借。（　　）

2. 档案馆是国家单位，为学术研究提供帮助是档案馆工作的内容之一，但是普通研究者是不能进入的。（　　）

3. 中国国家图书馆"中国记忆"是口述史文献。（　　）

4.在论文写作中对事物进行定义时，首先应该参考百度词条等搜索引擎得到的资料。（　　）

5.检准率和检全率是一对矛盾，不可能达到统一从而取得好的检索效果。（　　）

6.口述史很多都是记忆力差的老人的口头回忆，所以并不可靠。（　　）

三、简答

1.如何对检索到的论文和著作进行筛选？

2.有哪些途径能获取到通过CALIS检索到的文献？

四、思考

如何才能从搜索引擎反馈的海量网络信息中得到可供参考的有用文献？

第五章
毕业论文初稿写作

完成了毕业论文的选题、开题、资料查找，拟好了提纲，填好了开题报告，接下来就要正式开始毕业论文初稿的写作了。

毕业论文的初稿写作是论文写作的核心环节，可以说，其他工作最终也都是指向论文文本的。初稿的文本在基本框架和体量上已经是一篇完整的毕业论文了，它包括了标题、作者信息、摘要、关键词、英文翻译、论文正文、参考文献、致谢等要素，有的还有附录。下面就毕业论文每一个部分的写作进行专门论述。

第一节　标题

一、标题的重要性

标题是一篇文章的眼睛，这句话对任何文体都是适用的。对于论文而言，标题是读者第一眼看见的论文部分。第一印象很重要，能不能过目不忘，甚至能不能"一见钟情"，全在这第一眼。

标题是论文主题、观点、视角、范围的高度概括，直接体现论文的价值大小、新颖程度，是阅读者判断是否该继续阅读下去的重要依据。其实，我们读文章不需要每一篇都老老实实从头到尾读完的。很多人看文章都是先看标题，标题没什么新东西就不看了；如果标题还可以，再看摘要，摘要没什么价值也就不看了；如果觉得摘要有价值，再看论文全文。所以你想想，为了"引诱"别人把论文看完，不好好拟标题，行吗？

标题还是文献检索的依据。在进行文献检索的时候，有一个检索项是"题名",或者叫"篇名",也就是论文的标题。而且这一检索项基本上成了文献检索者首选和主要的检索项,其重要性不言而喻。如果一篇论文的关键信息和价值所在,在标题中遗漏了,别人就检索不到这篇文章。

二、标题的要求

毕业论文标题的要求跟普通学术论文是一样的。

1. 准确

这里说的准确,即准确反映文章内容。

标题是论文内容的高度概括,要把论文的研究对象、基本主题和核心观点明确标示出来,不能是没有具体内容的"虚题"。有的标题是结论式的,要把结论的关键词包含进去;有的标题是问题式的,则应把探讨的对象和问题的核心放到标题中。

标题的用词也要准确,语言的意义明了而不含糊,同时要做到文题相符。有的人为了追求文章的吸引力而在标题中夸大内容,标题中出现的关键词语在文中并没有展开论述,本来别人看到标题时满怀期待,但是文章都看完了也找不到相关的内容,这就是"学术标题党",是不可取的。

例如《从融资角度看我国民办高等教育的可持续发展》[1]这一毕业论文的标题,"民办高等教育"是研究对象,"可持续发展"是研究主题,"融资"是研究的角度和切入点。该标题比较准确地反映了文章内容,也做到了语义明确、文题相符。

---

[1] 陈艳:《从融资角度看我国民办高等教育的可持续发展》,载吴寅华主编《浙江省普通高等学校本科优秀毕业设计(论文)选编(2004—2008届)》,浙江工商大学出版社,2010,第58—69页。

2. 醒目

如何做到醒目呢？要把最重要、最有价值、最新颖的研究成果转化成论文语言，在标题中体现出来。

标题的新颖性得益于文章内容的新颖性，最终得益于研究的创新性。可以说，毕业论文标题是否有吸引力，很大程度上是由论文本身的新颖与否和价值大小决定的，而不取决于作者的主观意图，所以，论文的标题中不要出现感情色彩过于浓烈的词汇。例如《苏联与朝鲜停战谈判1951—1953：基于苏联解密档案的分析》[1]这一标题，因为出现了苏联、朝鲜、停战谈判、解密档案等词语，一下子就提起了阅读者的兴趣，达到了醒目的效果，而这种醒目又不是靠夸大事实和故弄玄虚，而是通过选择重大历史事件作为研究对象，找到解密的研究材料增加其新颖性来实现的。

当然，要让标题醒目，有时也得益于语言和形式的创新，必要的修辞也必不可少。

3. 简明

论文标题要最大限度精简，直至恰到好处，不能多一个字，多了就啰唆，也不能少一个字，少了意义就不完整。标题要做到言简义丰，用最少的字表达最丰富的意义，字数一般在12个字以内，最长不超过20个字；一般用短语，不用或少用结构成分完整的句子，这样才有利于文献检索和编制题录、索引等。

如何做到简明呢？如果一篇论文的标题删掉部分内容而丝毫不影响理解，那这个标题就可以更加简明。比如，《关于校园霸凌事件中受害方心理干预必要性的研究》，"关于"和"的研究"可以去掉，因为

---

[1] 鱼文杰：《苏联与朝鲜停战谈判1951—1953：基于苏联解密档案的分析》，载李平亮、石嘉主编《名达史学新秀——江西师范大学历史学本科生毕业论文选粹》，江西人民出版社，2021，第302—328页。

写论文本身就是研究，无须赘述，将其改为《校园霸凌事件中受害方心理干预的必要性》，就简明了很多，22个字变成了18个字，也合乎要求了。大部分论文标题中虚的部分、没有实际意义的部分都可以删掉，甚至可以把两级标题变成一级，比如《共聚智慧，创新命题，实现师生双赢——浅谈在共同命题中培养学生兴趣和能力》，论文发表时编辑将其改为《在共同命题中培养学生能力》[1]，就显得朴实、简洁得多。

三、副标题

受篇幅限制，论文一般不用副标题，但如果确有必要，也可以使用。当我们感觉正标题语意未尽的时候，或者对分阶段的研究成果进行区分的时候，都可以使用副标题。

副标题可以限定研究的范围，对主标题进行补充或强调。如《婚俗与记忆——明清南阳府城"夜娶"婚俗起因传说解析》[2]这一篇毕业论文的标题就用了副标题，不仅补充说明了主标题所说的婚俗到底是什么（"夜娶"），而且还对研究对象的时空进行了限定（"明清"两代，"南阳府城"），并指明了要研究什么（"婚俗起因传说"），其作为副标题的功能得到了最大限度的发挥。

跟论文的标题一样，副标题也需要准确、简明。在文献检索的时候，副标题也是检索项，所以，副标题的拟定还要有利于检索。

---

[1] 李娜：《论文标题拟制的"四舍五入"法》，《青年记者》2017年第11期。

[2] 苏晓涵：《婚俗与记忆——明清南阳府城"夜娶"婚俗起因传说解析》，载李平亮、石嘉主编《名达史学新秀——江西师范大学历史学本科生毕业论文选粹》，江西人民出版社，2021，第48—61页。

四、小标题（层次标题）

一篇七八千字甚至上万字的毕业论文，不可能一段接一段一直往下写，这是没有结构意识的表现，写出来的文章也没有层次感。一般来说，为了使文章层次分明，应适当采用层次标题，也就是小标题来对文章进行切分，各个部分的小标题用简明的文字准确反映该部分的内容。

小标题一般为词组，末尾不用标点符号。小标题之间最好构成排比的关系，各标题之间结构相近，意义连贯，显得工整、有美感。小标题的字体与文章内容的字体要有所区分，让人一看就知道哪些是标题，哪些是正文。

小标题有不同的层级，构成不同的层次标题。层次标题标有序号，自然科学论文采用阿拉伯数字，如"1""2.3""4.3.1"，分别表示第一章、第二章第三节、第四章第三节第一条。序号左顶格对齐，数字最右边无"."，右空一字接后面的内容。社会科学和人文科学的论文可以采用传统的汉字和阿拉伯数字混合使用的方法来标序号，如"一、""（二）""3.""（4）"，分别表示第一章、第二节、第三条、第四款；或不出现"章""节"字样，表示论文的第一部分、第二小部分、第三点、第四小点，一般左空两个字，右无空，直接接后面的内容。一级标题可居中，其他级标题右缩进两个字排列。

以下是毕业论文《欧阳修词"花"意象探析》[1]的层级标题（一级标题居中，二、三级标题右缩进两个字），以供参阅体会：

一、引言

　　二、欧词"花"意象的使用情况

---

[1] 何宜蔚:《欧阳修词"花"意象探析》，载郑贵友主编《北语人文本科生优秀毕业论文选（2009—2013届）》，北京语言大学出版社，2017，第159—192页。

三、欧词"花"意象的内涵

（一）花与时令之景

（二）花与人、物

1. 花与人

2. 花与物

（三）花与情

1. 以花寓情

2. 以花衬情

（四）花与志

四、欧词运用"花"意象的艺术手法

（一）烘托

1. 烘托氛围

2. 烘托情感

（二）比喻

（三）象征

五、结语

五、注意事项

毕业论文标题在使用的过程中还要注意以下几点：

1. 标题要避免过大过空

比如《中国现代诗歌研究》《论中国农村教育的出路》，这样的标题大而空，中国现代诗歌包含那么多诗人、那么多社团流派，文章写的具体是哪方面呢？如果改成《中国现代小诗来源考察》，专门研究小诗的来源问题，就具体得多。同样，中国农村教育的出路岂是一篇本科毕业论文能说清楚的？不如把关注点缩小，从某个特殊地区甚至村镇出发，研究它的留守儿童心理问题、安全问题、教育保障问题等，或者家庭隔代教育问题，以小见大，立足现实，指出问题，思考出路，都是可以的。

2. 标题用语要规范

标题应该避免使用非标准化（非公知、公认）的缩略词、首字母缩写词、字符、代号和公式等。这一要求主要针对理工科的科技论文，对文科论文也有约束作用，能促进用语的规范。

3. 标题不要太过于谦虚

诸如一点看法、一些（不成熟的）想法、拙见、浅见、浅析、浅论、试论等之类的谦辞，最好不要用。很多时候看似是一种谦虚，实则是长期以来的惯性思维使然，一拿起笔就开始浅论，根本没有花心思去想一想应如何拟一个好的标题。

4. 合理使用标点符号

必要的时候，论文标题中可用顿号、冒号、书名号、引号等，副标题用破折号，但标题末尾不用句号、省略号、叹号，也少用问号。应该注意的是，标题中的标点符号使用不能过于泛滥，使用过多不利于检索，尤其是在标题中包含引号的时候。

第二节　作者信息

作者信息包括论文作者的姓名和单位（学院）。

作者姓名也就是论文的署名，其意义在于：

第一，文责自负。署名是一件严肃的事情，文章一经署名，署名者就正式成了作者,也就正式代表了对文章的确认,对文章原创性、规范性的保证,对文中观点的认可,如有因此而产生的纠纷或一切其他后果,署名作者都负有不可推卸的责任。

第二,明确知识产权归属。署名有责任,当然也有权利。按照《中华人民共和国著作权法》的规定,论文作者对论文依法享有著作权。如因论文而产生名誉、物质等收益,署名作者作为知识产权的拥有者,应依法享有收益所得。

第三,便于文献检索。我们可以看到,检索项下拉菜单里面有"作者""单位"两个选项,这表明我们可以根据作者姓名或者单位名称为检索项进行文献检索,方便快捷地找到需要的文献。

第四,便于读者与作者联系。作者单位信息既包含了具体的单位名称,还包括单位所在的城市及邮政编码,加上作者姓名,实际上就建立了一个与作者进行书信联系的通道。这也是一种必要的信息披露,如果看到论文的任何人就专业或其他方面的事项想与作者联系,理论上都是可以实现的。

关于第三点和第四点,由于目前本科生的毕业论文尚未实现数据库联网,所以被检索及与读者联系的可能性不大,我们知道就可以了。

在现实的操作层面,作者姓名和指导教师通常位于一行,然后下一行是作者单位信息,用小括号括起来,内容包括论文作者所在的学院、学校所在的城市、邮政编码,学院和城市之间用逗号隔开。

作者和指导教师姓名、作者单位信息这两行都居中排列。下面再空一行,接着就是摘要了。

第三节　指导教师

　　指导教师是学生写作毕业论文时的指导者，从选题、列提纲、开题、初稿定稿、答辩，每一个环节都离不开指导教师专业上的指导。

　　指导教师也在一定程度上对论文负有责任。老师说你选题通过了，你就可以列提纲了；老师说你开题通过了，你就可以正式开始写论文了；老师说你可以定稿了，系统检测通过了，你就可以答辩了；老师说你答辩通过了，提交审核通过了，你就可以毕业了。在这个过程中，学生可谓是过五关斩六将，指导教师也是层层把关，如履薄冰。从目前对学术不端行为的处理结果来看，凡是学生毕业论文抄袭或造假的，指导教师都要因为"没有认真履行指导责任"而负连带责任。

　　关于指导教师，背后的故事不少，操作层面却很简单。作者和指导教师通常出现在同一行，位置在标题下面空一行之后，先写上"作者"二字，按一次空格键，写上作者的姓名，在作者姓名后面空上一个字的距离，写上"指导教师"四个字，再按一次空格键，写上指导教师的名字和职称就可以了。

　　顺便说一句，别把指导教师的职称搞错了，更别把老师的名字写错了哦！

　　在实践中，作者信息和指导教师信息一般是排在一起的，示例如下：

　　　　作者　×××　指导教师　×××教授
　　　　（××××大学××学院，湛江，524048）

第四节　摘要

一、摘要是什么

按照《科学技术报告、学位论文和学术论文的编写格式》(GB 7713—87)的表述："摘要是报告、论文的内容不加注释和评论的简短陈述。"摘要即内容提要，是用简洁概括的文字对论文所做的简明扼要的介绍，方便读者快速了解论文内容和价值，也方便有关人员进行文献检索和资料摘编。

本科毕业论文摘要的位置在题名和作者之后，正文之前。

二、摘要写什么

一般来说，论文的摘要包括该项研究工作的目的、重要性（意义）、内容及方法，重点突出作者研究内容的创新性。摘要的一般写法是，概述全文用什么新的方法、途径、手段去研究什么内容，解决什么问题，达到什么目的，产生什么样的效果或意义。再精简一下，文科特别是人文学科的论文，摘要只需要陈述这篇论文写了什么，有什么新的内容和有价值的见解，就算合格了。读者通过摘要就能了解论文的内容和价值，就能决定有无必要阅读全文。在摘要中，结果和结论始终是最主要的。

摘要是论文内容的超级压缩版，摘要的内容应该忠实于论文本身，不夸大，也不缩小。摘要是独立成文的一篇精致的短文，一般不分段，自成一体，结构紧凑，逻辑清晰，语言规范。摘要有独立性，可以单独使用，可以被引用，可以被摘编。

为了保证客观性，增强信服感，撰写摘要应该使用第三人称。这是因为摘要是对论文成果和价值的陈述，需要客观、真实，第一人称会增强主观性，第三人称则显得从容、客观。

所以，摘要不能以"本文""作者"等做主语来组织句子，"我们""我""本人""笔者""本论文"等表示第一人称的词都不应出现在摘要中。这一点不少人并不太注意，我们时常可以看到，很多同学的毕业论文定稿用的是第一人称，指导老师也没看出来；甚至有些发表出来的论文也是这样，摘要一开始就是"本文……"，编辑也没有把好关。这都是论文写作中的瑕疵，应该尽力避免。

有些人对于究竟该如何避免使用第一人称还不太了解，似乎离开了"本文"就不会写摘要了。其实很简单，我们抛开作为第一人称的作者身份，把自己当成阅读者、记录者，一开始就直接陈述文章内容，省略表明人称的语言，就可以了。

例如《在反抗漂泊中谋求身份认同——王十月与他的打工题材创作》[1]的摘要：

> **摘要**：王十月是新一代打工文学的重要作家，其打工题材的小说和散文创作，体现了作为一个由农村打工仔成长为城市作家的特殊生活经历和现实境遇，表达了一种身处异乡的漂泊感和对漂泊的反抗意识。他通过文学创作改写着自己和打工群体"乡下人""打工仔"的身份，谋求更高的身份认同，这对作家的艺术创作提升和现实身份重构都具有重大意义。

---

[1] 史习斌：《在反抗漂泊中谋求身份认同——王十月与他的打工题材创作》，《海南师范大学学报》（社会科学版）2010年第2期。

在这里，开篇就直接进入要陈述的对象，以被研究者的名字（内容也可）出场，自然就是第三人称了。试想，如果以"本文（或笔者）认为王十月是新一代打工文学的重要作家"开头，就显得既主观又啰唆了，"王十月是新一代打工文学的重要作家"是一个客观存在，不需要你主观认为；而且去掉"本文（或笔者）认为"这几个字，对意义的表达不产生丝毫影响。

摘要的语言要简洁、凝练。撰写摘要应开门见山，直奔主题，不要绕一大圈还没开始；要简明扼要，把最重要、最有价值、最新颖的内容陈述出来。摘要的字数一般在200—300字，博士论文可以更多，本科毕业论文一般在250字左右即可。

摘要不要写太长，不能写进摘要的就不要写，写进去的内容要精简；要去掉枝蔓，可合并同类项。

当然，摘要也不能过于简短，一两句话肯定是无法表达出相对完整的意义的。以下是一位同学本科毕业论文初稿的摘要：

摘要：受中国传统父权制的影响，父亲这一角色的形象在文学作品中的地位一向是崇高、不可亵渎的。然而，在陈染的笔下，父亲的形象却是丑陋不堪的。本文试图通过对陈染小说中的父亲形象的分析，探索陈染对父亲这一形象的颠覆。

这个摘要就过于简短了，对于自己的研究刚提及就结束了。作者通过修改，增加了研究内容及观点部分，去掉了第一人称指代语言，就变得完整和规范多了：

摘要：受中国传统父权制的影响，父亲形象在文学作品中的地位一向是崇高、不可亵渎的。然而，随着西方文学思想的涌入，国内对于父亲这一形象的文学刻画也在逐渐改变。在20世纪80年代中期，国内先锋作家们就率先掀起了对父亲的审视和"弑杀"，作为先锋代表之一的陈染也不例外。在陈染的笔下，父亲都是阴暗的、恶毒的。他们无法直面自己的懦弱本质，而试图把这份痛苦施加到子女们的身上。陈染在小说中塑造了与众不同的父亲形象，把父亲们丑陋的一面完完整整地揭露出来，表达了陈染对父亲形象的颠覆，体现了背后"弑父"的文化内涵。

三、摘要不写什么

1. 常识和没有价值的内容

某某某，哪一年出生，哪一年去世，字某某，哪里人，做过什么官，写过哪些作品，获过什么奖之类的，这些人所共知或者查一查就知道的资料就不要写进摘要了。"鲁迅是中国现代文学史上重要的文学家、思想家，他的创作题材丰富、手法多样……"，这些都是编教材的语言，没有学术创新价值，写进摘要也是浪费空间。摘要就那么两三百字的空间，要充分利用这个篇幅来展示自己论文的精彩部分，让别人看了之后觉得这篇论文有价值、有新意，值得继续看下去。如果把一些没有价值的东西写进摘要，不仅浪费了字数，更是降低了论文的档次。

2. 引文

引文都是别人的观点，在摘要中出现引文，不利于充分陈述自己论文的内容，体现价值。况且要想较为完整地表达一个意思，引文必定有一定长度，这在仅有两三百字容量的摘要中极有可能喧宾夺主。试想，三百字的摘要中有一百多字的引文，你自己的内容和观点陈述何在呢？

3. 对论文内容作诠释和评论的文字

这在《科学技术报告、学位论文和学术论文的编写格式》里说得很清楚，摘要是论文内容不加注释和评论的简短陈述。既然是陈述，就是事实性的描述、报道性的信息传递，而不是带有感情和倾向性的评价，尤其是自我评价，如"填补了空白""具有开拓性的重大发现"之类的自我评价。实际上，这也是为了保证论文价值评判客观性、真实性而做出的要求。一篇论文到底有没有价值，有多少价值，有没有填补空白，不是由自己说了算的，而是由同行评价的，是最终靠时间和实践证明的。

4. 正文中没有的信息

摘要是正文内容的如实反映，不能遗漏正文中的重要信息，也不能增加正文中没有的信息

遗漏重要信息等于没有把论文的真实价值展示出来，本来是一粒珍珠，结果当一颗土豆给卖了，亏大了！而增加没有的信息属于"虚假广告"，不仅会让那些看了摘要产生了兴趣的人失望，而且是学术不严谨的行为。

5. 非公知、公用的符号和术语

摘要的用语要规范，非公知、公用的符号和术语不宜写入摘要。

如果你使用的某些符号完全是自己造出来的，除了你，别人都看不懂，或者使用的某些术语的科学性及其含义并没有得到学术界的初步认可，甚至争议很大，那就会降低学术沟通交流的效率，也影响摘要的严谨性。

6. 公式、插图、表格

因为写进摘要的应该是结果，而不是数据和材料，而且图表所占的位置与文字不一样，势必对排版造成困难，影响整个论文的美观，所以公式、插图、表格一般不要写入摘要，除非完全无法避免。实际上，表格、插图等的内容都可以转化成文字进行表述。

7. 与引言、结论部分雷同的表述

摘要不是文中句子的复制粘贴，不能与引言、结论部分的表述雷同，更不能直接把引言或者结论复制成为摘要。

摘要是一段独立的文字，但也和论文全文是一个统一的整体，所以不能和其他部分的文字重复。从期刊网的有些文章来看，将文中句子甚至段落复制粘贴作为摘要，这不仅是某些初学论文写作者易犯的错误，甚至有些功成名就的人也犯这种低级错误，是很不应该的。同学们在写作毕业论文的时候需要注意，不能犯这样的常识性错误。

由此可见，摘要写作有很多禁忌，一不小心就会"踩雷"。如何避免呢？请看下面的论文摘要：

摘要：电视是使用电子技术传送活动的图像画面和音频信号的设备，也就是电视接收机，最早由英国工程师约翰·洛吉·贝尔德在1925年发明，至今已有近百年的历史；而文学则历史悠久，不同于神话的纯粹的文学早在周朝时就出现了，诗歌、散文、小说、戏剧是它的四大体裁。本文通过研究发现，受电子传媒的影响，文学日益媒介化和声像化。这一发现很有价值。纸质文学文本尤其是文学经典，通过符合声像规律的文本编码，将单一的文字文本转化为多媒体声像文本，借助电视媒介进行声像传播，涵养着新的文学阅读习惯。正如艾略特所言："电视这一娱乐传媒虽然可以让无数的人同时为同一个笑话发笑，却依然让人备受孤独。"以电视为媒介的纸质文学文本的声像传播与纸质文学文本的声像阅读，使传播者与受传者及各角色之间实现了不同传播类型的结合，是对文学生存方式的革新创造、传播方式的革新创造、阅读方式的革新创造，是对文学外在形式、审美习惯、价值功能的拆解重构，而这又最终影响着文学的精神内核和存在本质。本文的成果对理解电视与文学的关系很有帮助，在研究纸质文本的声像传播方面

具有开创性的意义。

上述论文摘要有哪些问题呢？

第一，"电视是使用电子技术传送活动的图像画面和音频信号的设备，也就是电视接收机……诗歌、散文、小说、戏剧是它的四大体裁"，这段话看起来跟标题相关，前半部分讲电视，后半部分讲文学，也都是陈述性的，但是这些话都是常识性的介绍，并没有什么新意和学术价值，应该去掉。

第二，"这一发现很有价值""本文的成果对理解电视与文学的关系很有帮助，在研究纸质文本的声像传播方面具有开创性的意义"，这两个地方都使用了自我评价性的语言，和摘要的客观性要求不符，也应该修改或删除。

第三，"正如艾略特所言：'电视这一娱乐传媒虽然可以让无数的人同时为同一个笑话发笑，却依然让人备受孤独。'"这句也应该删除，因为引文不能写进摘要，何况这段引文和电视对文学的传播没有多大关联。

第四，"本文通过研究发现"中的"本文"是第一人称，与第三人称的要求不符，应去掉。那是不是要保留"通过研究发现"几个字呢？其实这几个字也是多余的，应该删除，因为结论肯定是通过研究发现的，说了等于白说。

第五，结合全句，"声像阅读"前的"纸质文学文本的"重复了，应该删除；后面，"是对文学生存方式的革新创造、传播方式的革新创造、阅读方式的革新创造"中"的革新创造"也重复了，通过合并同类项，全句改为"是对文学生存方式、传播方式、阅读方式的革新创造"，文字就简洁、顺畅了。

经过这几个方面的综合修改，新的摘要就变得开门见山、简洁凝练了：

摘要：受电子传媒的影响，文学日益媒介化和声像化。纸质文学文本尤其是文学经典，通过符合声像规律的文本编码，将单一的文字文本转化为多媒体声像文本，借助电视媒介进行声像传播，涵养着新的文学阅读习惯。以电视为媒介的纸质文学文本的声像传播与声像阅读，使传播者与受传者及各角色之间实现了不同传播类型的结合，是对文学生存方式、传播方式、阅读方式的革新创造，是对文学外在形式、审美习惯、价值功能的拆解重构，而这又最终影响着文学的精神内核和存在本质。

这实际上是论文《纸质文学文本的声像传播与声像阅读——着眼于电视的文学考察》[1]的摘要，同学们可以参考体会摘要的写法。

四、摘要到底该怎么写

可能有的同学会问，这也不能写，那也不能写，那究竟摘要该怎么写呢？

其实撰写论文摘要也没那么难。在正式开始摘要写作之前，先要把论文写完，这样，自己心中就已经有了关于论文的整体印象。这时你可以回想一下，或者对着论文梳理一遍：这篇论文写了些什么？哪些内容和观点是最重要、最新颖、最有价值的？把这些内容和观点提取出来，在保留文中基本词汇的基础上重新组织语言，写成一段两三百字的准确、顺畅、简洁的文字，最后在头尾处各加上一句话，补足摘要需要的其他要素，就可以了。

---

[1] 史习斌：《纸质文学文本的声像传播与声像阅读——着眼于电视的文学考察》，《湖北社会科学》2009年第12期。

第五节　关　键　词

一、何为关键词

2019年7月1日开始实施的中华人民共和国新闻出版行业标准《学术出版规范 关键词编写规则》（CY/T 173—2019）说得很清楚：关键词是"表达学术论文主题内容的词或词组"。这是关于关键词的最新定义，也可以说是最权威的定义。

二、关键词的来源

关键词通过对论文的审读来获取。

进行论文审读的时候，"重点审读题名、摘要、段落标题和结论等，必要时浏览重点章节和全文"。所以，关键词可以从题名（标题）中获取，也可以从摘要中获取，还可以从段落标题和结论中获取，如有必要甚至可以从论文全文中获取。

题名是获取关键词的第一选择，也是关键词的最主要来源，但摘要等其他部分也要认真审读，充分考虑。

正因为如此，我们一般都在论文已经完成，并写出了合格的摘要之后，再开始编写关键词。

章诚等所著文章《画龙点睛：学术论文关键词的科学选取》[1]对论文如何选取关键词做了专门分析。这篇教别人如何选取关键词的文章，它的关键词是如何选取的？

画龙点睛：学术论文关键词的科学选取

  摘要：学术论文的关键词既是学术论文的"眼睛"，也是提升学术期刊影响力的"助推器"。然而，在一些学术论文中，关键词的选取存在着选取伪关键词、不能涵盖文章核心思想、选取有误、组词随意化等问题，这些问题的出现一方面会对学术论文的严谨学术印象造成不良影响；另一方面会造成学术期刊被检索概率下降，进而导致学术论文被检索阅读及被引用概率下降，不利于学术期刊影响因子的提升和社会影响力的扩大。这些问题的形成既有选取标准和规范缺少等客观因素，也有学术论文撰写者和编辑不重视等主观因素。因此要通过及时修订、制订相关标准和规范，加大对学术期刊编辑的培训和监督力度，学术期刊编辑把好"三道关"等措施来提升学术论文关键词科学选取水平，发挥学术论文关键词"画龙点睛"之效，达到学术论文和学术期刊"共赢"目标。

  关键词：关键词　学术论文　学术印象　学术期刊　期刊影响力

这篇论文中的关键词有五个，分别为"关键词""学术论文""学术印象""学术期刊""期刊影响力"。其中"关键词"和"学术论文"这两个关键词选自标题。两个关键词不够，接下来就将选取范围锁定在摘要上。摘要里有没有很重要的词呢？因为这篇文章主要探讨的是

---

[1] 章诚、张爱梅、周丽娟：《画龙点睛：学术论文关键词的科学选取》，《编辑之友》2015年第9期。

学术期刊上面的论文的关键词选取，所以"学术期刊"被选作了关键词。同时，选好论文的关键词，对学者来说能够给别人建立很好的学术印象，对于期刊来说能够提高期刊的影响力，所以，"学术印象"和"期刊影响力"也被选取作为关键词。后三个选自摘要的关键词加上前两个选自标题的关键词，已经足够表达论文的主题内容了，所以就没有必要再从文中选取了。

三、关键词的选词原则

按照关键词的编写规则，"关键词应准确并充分揭示论文主题内容"。"准确"就是关键词表达的意义要与实际主题相符合，"充分"就是有价值的主题内容都要被包含在内，不能遗漏。

编写关键词的时候，应该选择那些能够明确表达主题概念的词或词组。同时，应该选择学科公认的规范术语，比如"出租车"不应写成"的士"。

四、关键词的排序与格式

1. 关键词的排序

关键词之间存在排序的问题。

关键词应该按照反映主题的重要程度进行排序，"表达核心主题因素的关键词排在前面，表达非核心主题因素的关键词排在后面"。说得浅显一点，实际上，从题名中选取出来的关键词一般都排在前面，从其他地方选取出来的排在后面；从题名中选取出来的关键词，直接表达主题的排在前面，对主题起限定、修饰等作用的排在后面。

仍以章诚等撰写的论文《画龙点睛：学术论文关键词的科学选取》为例，文中的关键词分别是"关键词""学术论文""学术印象""学术期刊""期刊影响力"。因为这篇文章是讨论学术论文关键词选取的，所以其中"学术论文"和"关键词"两个关键词是表达核心主题因素的，排在了前面。而这两个中，"关键词"虽然出现在"学术论文"之后，却是最核心的，"学术论文"是对"关键词"的限定，所以把"关键词"这个词排在最前面。排序做得很到位。

2．关键词的格式

关键词的位置在摘要下方，与摘要之间不隔行。关键词之前写上"关键词"三个字，后加冒号。关键词之间用分号隔开，最后一个关键词后面不用标点符号。当然，刚才我们分析的这篇文章，关键词之间没有用分号，这可能跟刊物的习惯有关，严格来说，还是要用分号的。

五、注意事项

1．关键词的数量

关键词的数量一般为3—8个。具体多少个，得看论文的深广度和价值。本科毕业论文一般4—5个就可以了。

2．关键词与同义词

同一篇论文的关键词不能有同义词。比如"夫妻财产"和"共同财产"这两个词，在新婚姻法实施之后，讨论夫妻共同财产处理问题时实际所指相同，就不能在同一篇文章中都作为关键词出现。

3．关键词中标点符号的使用问题

关键词为作品名称时要加书名号。比如《试析〈道德经〉翻译的多样性》[1]，这里的《道德经》是一部著作，所以作为关键词的时候要用

---

[1] 廖敏：《试析〈道德经〉翻译的多样性》，《西南民族大学学报》（人文社科版）2004年第9期。

书名号;毕业论文《〈世说新语〉中"孝"的事迹与魏晋性格》[1]中的《世说新语》,作为关键词时也要加书名号。

关键词为特定含义的词时要加双引号。比如《"一带一路"矿产资源分布与投资环境》[2],"一带一路"有特定含义,是"丝绸之路经济带"和"21世纪海上丝绸之路"的简称,所以用作关键词时要加双引号。

当然,以前关键词中标点符号的使用比较随意,相信以后会越来越规范。

4. 关键词的语言成分

以前规定关键词必须是单词或术语,现在新的编写规则明确规定,除了词还可以是词组,但不能是句子。而且,关键词一般都是名词性的词或词组,动词一般不选作关键词,比如"研究""探讨""商榷""调查""比较""选取"之类泛指性的词,就不能成为关键词;没有实际学术意义,仅仅作为比喻性的说法或者程度修饰的词不能选作关键词。还是前面的例子,论文《画龙点睛:学术论文关键词的科学选取》,"画龙点睛"和"科学"两个词就不能选作关键词,因为这篇文章并不是真正研究"画龙点睛"这种绘画或写作技法的,而是一种比喻性的说法,"科学"在这里也只是一个修饰"选取"的副词,这两个词在这里都没有实际的学术意义,不选作关键词。

---

[1] 夏才艺:《〈世说新语〉中"孝"的事迹与魏晋性格》,载李平亮、石嘉主编《名达史学新秀——江西师范大学历史学本科生毕业论文选粹》,江西人民出版社,2021,第62—91页。

[2] 唐金荣、张涛、周平、郑人瑞:《"一带一路"矿产资源分布与投资环境》,《地质通报》2015年第10期。

第六节　英文翻译

一、毕业论文需要翻译的内容

按照新闻出版的行业标准对学术论文的要求，以及高等学校对学生毕业论文的要求，毕业论文的前置部分都需要翻译成英文，具体包括标题、指导教师和作者信息、摘要、关键词等。

二、翻译的目的

毕业论文作为研究论文的一种，理应按照学术研究论文的一切要求来执行，英文翻译便是如此。论文前置部分翻译成英文，主要是为了方便使用英语的人进行检索，最终便于学术交流。虽然本科毕业论文不一定会被国外的研究者注意到，但是我们要有开放意识，要做好对外交流的准备，况且有些本科毕业论文也是很优秀、很有价值的。

三、翻译的原则

1. 完整

毕业论文前置部分的所有项都要翻译，不可缺项；翻译要逐一进行，中英文严格对应，不可调换位置。

2. 准确

尤其是专业术语，要采用业内公认的翻译，不能完全依靠翻译软件。另外，一些非专业的信息也要翻译准确，比如你所在的大学是college还是university，具体到院系是department还是school，都要适当区分。还有，中文系、文学院、人文学院、文法学院、文学与传媒学院等，这些该怎么翻译，都要仔细揣摩，力求准确。最好的方法，就是跟着学校和各院系的步子走，它的官方网站上是怎么翻译的，你跟着怎么写就行了。

四、注意事项

1. 中英文格式和表达的差别

遵从英语的表达习惯，不能翻译成"Good good study, day day up"这样的中式英语。如果用翻译软件进行翻译，要注意检查和校对。

2. 标题中的单词首字母大写的问题

英文标题实词首字母要大写；冠词、连词、介词等虚词在句首或者有5个字母及以上的，首字母要大写，其他不用大写。

3. 姓名翻译的问题

对于中国人而言，作者姓名应采用汉语拼音拼写法，将姓和名分开拼写，姓在前名在后，姓和名的第一个字母要大写，其余字母小写且连写，必要时加隔音符号。

4. 标点符号的问题

英语中的标点符号要在西文状态下输入。英语中没有书名号，作品、报刊名用斜体表示。

5. 字体的问题

翻译成的英文一般用 Times New Roman，也就是新罗马体，不能用中文的宋体、楷体之类字体。

第七节　引言

一个完整的论述包括引论、本论、结论，一篇完整的论文要提出问题、分析问题、解决问题（得出结论），一篇毕业论文对应地包括引言、正文、结论（结语）三个部分。

一、引言是什么

引言也叫导言，是论文正文之前的一部分文字，英文为 introduction。还有绪论、前言等，虽然不能与引言等同，但是在论文写作中所起的作用都差不多。

引言是一篇论文的开场白，是文章内容的初次亮相。引言的引是"引出"的意思，整篇文章后面的"下文"都要靠引言引出来；引言同时也是对读者阅读的"导引"，可以概括交代论文的内容，让读者心里有数。说引言的引是"吸引"也不无道理，引言就像商店里的橱窗一样，把最好看的、最上档次的商品摆在引言这个"橱窗"里，吸引读者来阅读。

二、引言写什么

引言到底应该写什么，怎么写呢？

从理论上说，引言应该包括研究背景、研究目的、研究内容、研究方法、研究现状、研究不足等，但一般除了专著或博士论文，几千字、万把字的学术论文和本科毕业论文并非每一项都必须齐全。引言实际上是开篇"立题",告诉读者这篇论文写的是什么,有什么新意和价值,研究如何实现等。

王小唯等在《学术论文引言的结构模型化研究》[1]一文中,提出了学术论文引言结构模型的"2层次5要素说",可以作为毕业论文引言写作的参考。该文认为,学术论文的引言主要是阐述论文的创新性和科学性,所以引言的"层次模型"包括"指出论文的创新性"和"体现论文的科学性"两个层次;在此之下,又形成包含"总结和分析相关研究成果""找出研究中的未解问题""提出论文要解决的问题""阐明研究问题的思路""简述研究问题的方法"等五个要素的"要素模型"。其中,研究成果、未解问题和要解决的问题属于创新性这一层次,思路和方法属于科学性这一层次。具体如下:

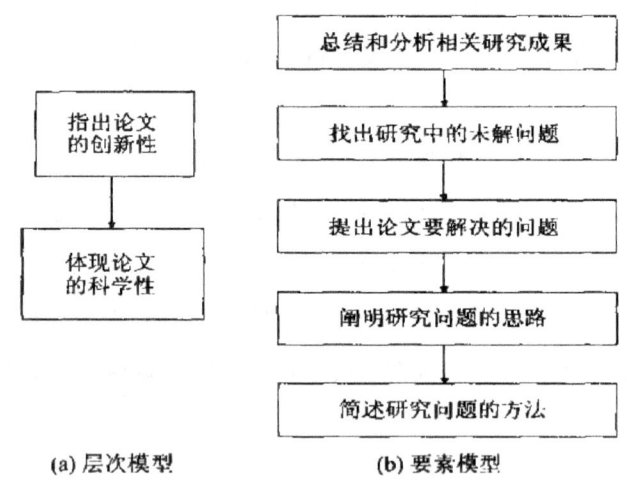

王小唯等提出的学术论文引言结构模型

---

[1] 王小唯、吕雪梅、杨波、潘启树:《学术论文引言的结构模型化研究》,《编辑学报》2003年第4期。

第五章 毕业论文初稿写作

实际上,《学术论文引言的结构模型化研究》这篇研究如何写论文引言的文章的引言也是按照"2层次5要素"的结构模型来写的——

> 引言是科技论文尤其是学术论文不可缺少的组成部分,是体现论文学术价值的重要内容。写得好的引言可以使读者方便地阅读和理解全文,迅速地了解论文的创新性和科学性,因此,探讨引言的写作规律、组成要素和结构特点具有一定的现实意义。已有不少学者对引言的写作进行了研究,如文献 [1] 阐述了引言的内容和写作要求,文献 [2] 指出了引言写作中存在的常见错误并分析了原因,文献 [3] 探讨了引言写作的人称表达方式等;但是,这些文献没有对引言的组成要素和结构特点进行研究,所以有必要对其进行更深入、系统的探讨。
>
> 目前科技编辑方法论的研究已取得令人瞩目的进展,研究出了许多有实用价值的成果,特别是科技编辑结构模型化方法的研究成果更具实用性。文献 [4-6] 研究了科技编辑结构模型化方法并建立了一类科技论文和图表的结构模型。受此启发,笔者运用这种结构模型化方法对学术论文的引言进行了研究,在对引言的功能进行分析、找出其结构层次和要素的基础上,遵循结构模型建模原则,构建了学术论文引言的层次和要素基本模型,以使引言的写作和编辑加工更具规律可循和方便操作。

这篇文章的引言刚开始用两句话论述了引言的意义和研究的必要性,接下来剩余的文字全是围绕五要素来写的。两段文字中的文献 [1] 到文献 [6] 是简要分析相关研究成果,文献 [1] 到文献 [3] 是对引言一般性研究的分析,文献 [4] 到文献 [6] 是对编辑结构模型化研究的分析。第一段分号后面的"但是……"的内容就是找出研究中的未解问题。第二段中间部分,"笔者运用这种结构模型化方法对学术论文的引言进行了研究"一直到结束，讲的就是这篇论文要解决的问题。"受此启发"就是一种启发性研究的思路，结构模型化方法就是该文研究使用的方法。思路和方法不需要展开论述，点到为止，一说别人就明白了。

对于毕业论文引言写作而言，"2层次5要素说"明白清晰，便于检查，值得借鉴。

三、引言写作注意事项

引言要开门见山，不要绕圈子，不能说了半天还没进入主题。

引言不能与摘要过于相近甚至雷同，文字上不能写成摘要的注释。

引言的一部分内容虽然像是文献综述，但不能写成文献综述。特别是对研究现状的叙述，不能成为一篇篇文献名称的罗列。对前人研究成果要进行归类、分析，要消化之后再进行表述，务必精要。不能把引言完全写成博士论文或者一本书的前言。不能把开题报告中的相关文字直接复制过来。

一般的学术论文，在正文正式展开论证之前有一两段话，虽然有的作者并不标明"引言"二字，却起着引言的作用，实际上就是引言。为了规范，毕业论文都要有引言，并且明确写出"引言"二字作为层级标题。

引言的篇幅一般较为短小，8000字左右的论文，引言一般在300字左右就可以了。不需要写上千字，也不能只写一两句话。

第八节　正文

一、何为正文

正文是引言之后结论之前的部分，英文为 main body。也有将从引言到结论整个论文称作正文的，如果是这样，除去引言和结论的正文就只能叫作主体部分了。

二、正文的重要性

正文是论文的本论部分，也是主体部分，占绝大部分篇幅。论文的主要观点、核心内容、事实和材料、分析和论述都在这一部分展开。

如果说标题是招牌，摘要是橱窗，正文就是商场里面的店铺本身，你依靠亮丽的招牌和精美的橱窗把顾客吸引到店里来了，你店里的东西质量和价格到底如何呢？答案需要在正文中揭晓。如果你在摘要中把论文说得头头是道，正文中却要什么没什么，干瘪空洞，层次不清，逻辑混乱，那整篇文章无疑是失败的。

三、正文的写作要求

1. 正文的总体要求

论文的标题、摘要等都有很多形式上的要求，但是正文不一样，在形式上，正文的要求最少，也相对自由。总的来说，正文最大的要求就是内容充实、结构合理、论证严密。所以，正文的框架要搭好，布局要合理；正文的论述要立体展开，不能过于平面化；正文的材料要充实，要能充分论证论文的观点。总之，要通过正文把整个论文"立"起来。

2. 正文要有层次性

一篇毕业论文八千到一万字，不可能通篇都是一段接着一段写，得按照提纲的框架把它们分成几个部分，这就涉及层次性的问题。

我们知道，著作或者博士论文都用章节标题来标明层次。本科毕业论文较短，一般不宜采用章节式，可采用标号式来显示文章的层次。

文科毕业论文标号层级如下：第一层为"一、"，第二层为"（一）"，第三层为"1."，第四层为"（1）"。可以根据论文层级的需要进行选择，但不能逆向使用。也可借鉴科技论文的方式：用"1""1.1""1.1.1"等来标示层级。

没有层次的论文让人摸不着头脑，层次混乱的论文更是让人头疼。毕业论文是学术研究文章，必须有清晰的层次结构，让人一目了然。

3. 正文要有逻辑性

所谓论证严密实际上就是论文要有逻辑性。在毕业论文写作中，正文各部分之间应该有因果关系等逻辑联系，采用并列式或递进式或总分式结构将各部分有机联系起来，成为一个整体。逻辑性不强或没有逻辑性，都会造成正文的松散甚至一盘散沙，论证效果也就大打折扣，甚至论证根本就不成立了。

四、注意事项

正文的基本内容、层次性、逻辑性在提纲中就已经表现出来了，抓住了提纲就抓住了正文，所以，尽量不要在写正文的时候突然去调整提纲，这样会很被动。

正文在写法上的确是最自由的，没有太多的束缚，但正文的写作也是最难、最见水平的。一个人的学术思想是深刻还是肤浅，学术眼界是高还是低，学术思维是严谨还是混乱，学术资料的积累是丰富还是贫乏，都可以从正文中看出来。所以，要花最大的精力在正文写作上，体现出自己应有的学术水准。

第九节　结　语

一、结论还是结语

结论，英语为conclusion。这是一个很严肃的词，按《现代汉语词典》的解释，结论是"从推理的前提中推论出来的判断""对人或事物所下的最后的论断"。而与之对应的结语则没有这么严肃，结语就是结束语，是文末带有总结性的话。

一直以来，学术文章在使用"结论"还是"结语"方面，显得有些随意。朱大明在《科技论文结论与结语的对比分析》[1]一文中提出分开使用这两个词，是很有道理的。他认为，试验研究类等，通过实证研究或逻辑推导能得出精确结论的，用结论；专题论述类等无实证性研究作为支撑，带有讨论性和主观性较强的，用结语。因此，社科类尤其人文学科，用结语较为合适，因为并不是所有的论文都有一个盖棺论定式的精确的结论，有时候，讨论甚至争论本身就是有意义的，

---

[1] 朱大明：《科技论文结论与结语的对比分析》，《编辑学报》2006年第2期。

一时并没有一个大家认可的结论，并不代表论文没有意义。

二、结语怎么写

结语是对研究内容进行的概括式总结，主要说明论文研究解决了什么问题，得出了什么带有结论性的论断；或是总结论文有哪些核心观点和有价值的内容。可一段式书写，也可分条陈述（多见于自然科学论文的结论）。

三、注意事项

一般的学术论文，在正文结束之后会有一段话，有的还以"综上所述""总而言之"之类的总结性提示语作结，这实际上就是文章的结语。有一些采用并列式结构的论文，也可能没有结语。为了规范，毕业论文都要求有结语，并且明确写出"结语"二字作为层级标题。

结语部分对文章内容的概括要准确，结语的语言要精练，结语中也不要做自我评价。

结语与引言应该相互呼应，应该保持与论文前文全部论述的贯通性，不能前后矛盾。

结语与摘要、引言在语言表述上不能出现整段或整句的重复。

结语的篇幅较为短小。一般来说，结语的篇幅与引言差不多，有的更短，只有一两百字。

第十节　引文

一、何为引文

2015年1月29日，新闻出版行业标准《学术出版规范 引文》（CY/T 122—2015）由国家新闻出版广电总局发布并实施，按照这个标准所下的定义，引文是"引用的相关文献的词语、句子和段落"。

二、引文的分类

引文分为两种，一种是行中引，一种是提行引。

1. 行中引

行中引是"插入行文中的引文形式"，即引文成为一句话或一段话的一部分而存在。

2. 提行引

提行引又叫引文段，是"单独成段的引文形式"，即引文自身成段，单独存在。

三、两种引文的使用

1. 行中引的使用

行中引可以引用原文字，也可以引用原意，具体根据行文需求来决定。

先看一个例子：

《新月》的几个关键人物中，徐志摩是一个"不可教训的个人主义者"[1]，胡适之先生曾不止一次地述说"狮子老虎永远是独来独往的，只有狐狸和狗才成群结队！"[2]，梁实秋也曾明确表示："《新月》一批人都是坚强的个人主义者，谁也不愿追随在别人之后。"[3]这种个性的差异造成的同人之间的缝隙在新月知识分子群体中一直存在。早在杂志创刊时，同人们对于《新月》封面的设计风格就有不同的看法，"志摩、一多都很喜欢它"，梁实秋却认为这一类似于 Yellow Book 的设计有浓厚的堕落色彩，同是新月社成员，同是《新月》月刊编辑，闻一多这个"富于'拉丁区'趣味的文人"和"正统"的资产阶级文化熏陶出来的富有"绅士趣味"的徐志摩等人有很大差异，[4]并由此导致二人"私下"的"互相不服气"。

---

[1] 徐志摩：《列宁忌日——谈革命》，《晨报副刊》1926年1月21日。

[2] 梁实秋：《忆〈新月〉》，载《梁实秋文学回忆录》，岳麓书社，1989，第105页。

[3] 梁实秋：《〈新月〉前后》，载《梁实秋文学回忆录》，岳麓书社，1989，第125页。

[4] 梁实秋：《忆〈新月〉》，载《梁实秋文学回忆录》，岳麓书社，1989，第107页。

引用原文字的时候，被引部分可以是词语或短语，也可以是篇幅较短的句子或段落。上例中的4个引用都是行中引，而 [1][2][3] 都是引用原文，[1] 是短语，[2] 和 [3] 是句子。引用原文的时候，引文部分要加引号，如果原文中本来就有引号，则要将原文中的双引号改为单引号。引用原文字要紧挨着被引用的文字标上注码，用注释标明出处，或者用引文参考文献来标明文献征引信息。

引用原意，实际上是由于篇幅的限制，不能大段大段地引用原文，而由引用者对被引文献相关内容进行准确而精练的概括。引用原意的时候可以不加引号，也可以在适当的时候局部加上引号，但是也要用注释或者引文参考文献标明出处。引文出处中的页码一项可以是一个具体的页码，也可以是一个起止范围，要根据引用内容所占的范围决定。上例中的 [4] 就是引用原意，局部文字加了引号，但总的意思是引用者根据原文概括出来的。注释中的"第107页"表明这一段概括全部出自原文的第107页。也有表示页码范围的，如"第34—36页"，意思是说，该处的引用是根据原文献第34页至36页的内容概括出来的。

2. 提行引的使用

什么时候需要用提行引呢？当我们引用的内容篇幅较长的时候，引文需要单独强调或者与其他引文形成对比的时候，引文本身适合单独成段排列的时候，都可以用提行引。

先来看一个例子：

> 梁启超1929年1月19日在北京病逝，"一部分新月社的老成员准备把即将出版的《新月》月刊第二卷第一期作为纪念专号出版"[1]，在这些主张出版梁启超纪念专号的"新月社的老成员"中，徐志摩是最卖力的。他在梁启超去世的第二天（1月20日）就致信胡适直接谈到此事：
>
> > 《新月》出专号纪念，此意前已谈过，兄亦赞成，应如何编辑亦须劳兄费心。先生各时代小影，曾嘱廷灿兄挂号寄沪，以便制版，见时并盼问及，即寄为要。[2]
>
> 信中除谈到出纪念专号，徐志摩还托胡适将梁氏未竟之作《桃

花扇考证》和《稼轩年谱》续完,并将怀念文章编成纪念册。

---

[1] 谢家崧:《新月社始末我见》,载俞子林主编《那时文坛》,上海书店出版社,2008,第70页。

[2] 中国社会科学院近代史研究所中华民国史组编《胡适来往书信选》(上册),中华书局,1979,第505页。

上例中的 [1] 是行中引,[2] 是一段单独的信件内容,篇幅较长且不宜分割,为了显示其完整性和独立性,用了提行引。

《学术出版规范 引文》规定:"提行引时,引文不加引号,字体字号宜与正文有所区别;宜与正文行文上下空一行;引文段整体左侧缩进两格。"

提行引引文结束之后,也要紧挨着被引文字标上注码,用注释标明出处,或者用引文参考文献来标明文献征引信息。

四、注意事项

1. 引文与原文的关联

被引用部分应该与行文相关,并且与行文贯通。

有的人写论文,引用文献时并不是真正需要引用,而是为了引用而引用,觉得参考文献多论文才显得有水平;有的同学在写毕业论文的时候,为了完成参考文献的数量而随便引用一些与自己的论述关系不大的文字;还有人引用之后,把一段孤零零的文字摆在那里就完事了,并没有对引用部分进行分析评判,也没有将引用文字与自己的论述融合在一起,显得十分生硬。这些都是要避免的。

2. 诗歌的引用

诗歌的引用既可以用行中引,也可以用提行引。采用行中引引用诗歌时，行与行之间要用分隔号"/"，节与节之间可以用两个斜杠"//"进行分隔。如：

门子有诗云："别人写诗 / 是要当诗人 // 我就图个心情。"（《别人写诗》）[1]

3. 引用要完整、准确

所谓引用的完整、准确，不是说我们不能对引文进行合理取舍，而是说引用的部分不能改变原文的意思，不能断章取义，尤其不能使引文的意思与原文的意思相反。原文为"不是"，引用的时候去掉"不"，变成了"是"，这种引用是要绝对禁止的。

4. 引文中的省略

有时引文太长，我们又不需要将其全部引用，这就涉及引文中的省略。当我们对引用的文字进行省略时，要用省略号（……）；省略几个段落时，要连用两个省略号（…………）；引文本身有省略号时，引用时后加的省略号外要加中括号（[……]），以示区别。

---

[1] 史习斌：《门子诗：另类与别样的存在——论周晓明教授的诗歌创作》，《新文学评论》2018年第3期。

第十一节 注释

一、何为注释

2015年1月29日，行业标准《学术出版规范 注释》（CY/T 121—2015）由国家新闻出版广电总局发布并实施，按照这个标准的定义，注释是"对学术作品的某些内容所作的说明"。

二、注释的分类

注释的分类标准比较多，我们简单了解一下按照位置和功能的划分。

1. 按位置分

根据注释在文中的位置，可将注释分为夹注、脚注、尾注等。

按照《学术出版规范 注释》给出的定义，脚注是"置于同页末的注释"，尾注是"置于本篇文章后面的注释"，夹注是"置于行文中的注释"。

脚注和尾注后面再详细讲述，此处先看夹注：

2002年回到成长中的摇篮巴东时，"扁担街"（独街）和"天梯"（小巷）等早已消失，新县城已有相当规模，"一个过去十分熟悉的小城，除了满街悦耳的乡音，其他都变得陌生了"。

这是一篇研究湖北恩施作家叶梅女士的文章。在这里，"扁担街"和"天梯"都是叶梅原作中用到的词，指的是什么呢？一般人可能不知道，这就需要注释。这里，"（独街）"和"（小巷）"就是行文中的注释——夹注，它的注文紧接被注文字，置于圆括号内。通过看注释大家就明白了，原来扁担街就是长长的一条独街，像一条扁担；天梯就是窄窄的、陡陡的小巷子。当然，这里的注文是一个词语，就不存在标点符号的使用问题了。

2. 按功能分

根据注释的功能，可将注释分为出处注和内容注。

按照《学术出版规范　注释》给出的定义，出处注是"标明正文中引用资料来源的注释"，内容注是"对正文中相关内容进行解释、校订、补充和扩展的注释"。

下面我们用一个例子来认识不同的注释类型：

> 谈及"孝"，不同时代、不同人心中都有不同的判定。孔子认为，所谓"孝"，即"生，事之以礼；死，葬之以礼，祭之以礼"[①]。也就是说，从孝行性质上，孔子将孝分为父母生前之孝行和父母去世后之孝行，即所谓"生孝"与"死孝"。[②]而在魏晋时期，因为特定的时代背景，孝行除了一般意义上的尊重、赡养父母，父母死后按礼服丧外，还有很多不同的表现形式，[③]在《世说新语》中均有体现。据统计，《世说新语》涉及孝行篇目凡14个，条目凡35条：《德行》第14、17、20、26、29、38、42、43、45—47条[④]；《言语》第21、58、89、90条；《政事》第1条；《方正》第10、32、64条；《赏誉》第2条；《品藻》第46条；《规箴》第1、3条；《夙惠》第2、7条，《贤媛》第10条；《术解》第11条；《任诞》第2、9、11、50条；《轻诋》第18条；《尤悔》第9条；《纰漏》第2、6条。本文以孔子对孝行的分类为基准，

具体分析这14篇35条的记载。

---

① 《十三经注疏之十、十一 论语注疏 孝经注疏》，上海古籍出版社，1990，第15页。

② 关于"生孝"与"死孝"，《世说新语》另有一说，《德行·17》记载王戎、和峤同丧，王戎以"虽不备礼，哀毁骨立"被评为死孝，和峤以"备礼而神气不损"被评为生孝。本文所用"生孝"与"死孝"概念无此意，本条将在第三章进行具体分析。

③ 除直接记载士人孝行及品评孝行外，《世说新语》中还有多条记载所涉之事是在服丧、扫墓期间发生的，因与"孝"关系不大，故暂不列入本文研究。

④ 有学者认为《德行》篇有关孝行的记载有12条（见刘强：《从〈世说新语〉看魏晋孝悌之风》，《阴山学刊》2001年第1期），而笔者只从中辑录出11条。私以为第24篇，周翼去职为郗鉴守丧三年，应当算作为报儿时含饭之恩，而不应当算作孝行，故不在本文中加以讨论。

这是本科毕业论文《〈世说新语〉中"孝"的事迹与魏晋性格》[1]中的部分注释情况。从位置来看，这四个注释都是脚注。从功能来看，注释①是出处注，指出所引的孔子这句话的出处；注释②③④都是内容注，对各标号对应的内容做更加详细的解释。

具体来看，脚注的位置在本页底部，与正文用脚注线隔开；按正文中出现的先后顺序排列，也就是采用"注释-编号制"，注码与注文一一对应；单列时缩进两格起排，转行顶格，句末加句号；注码每页单独编排；注码编号与正文中一致；注文字号小于正文字号。

实际上，脚注的这些编排规则也适用于尾注。尾注的不同在于，

---

[1] 夏才艺：《〈世说新语〉中"孝"的事迹与魏晋性格》，载李平亮、石嘉主编《名达史学新秀——江西师范大学历史学本科生毕业论文选粹》，江西人民出版社，2021，第67页。

其位置在文章末尾而不是页面底端，其注码编号方式是全篇连续编排而不是每页单独编排。

三、本科毕业论文的注释使用

综合来看，各学校对本科毕业论文的要求有两种，这涉及注释和参考文献如何使用的问题，需要注意。

一种是按照期刊发表的学术论文的格式来要求本科毕业论文。按照这种习惯和要求，本科毕业论文应在文末列出参考文献，而且是引文参考文献。引文参考文献和出处注的功能实际上是一样的，同一篇论文不需要重复使用。要对正文中相关内容进行解释、校订、补充和扩展时，采用内容注。而且文末有参考文献的时候，注释一般都采用脚注的形式。如果文中没有需要注释的内容，就没有注释，只有文末的引文参考文献。

另一种是按照硕士、博士学位论文的格式和写法来要求本科毕业论文。要求在文中添加注释（脚注），既对每一个引文的出处进行详细的注明，又在必要的时候对相关内容进行解释、补充、扩展，以及对那些未公开发表不便列入参考文献的私人通信、手稿、转引的文献等进行注解。与此同时，在文后需列出论文写作过程中阅读和参考过的文献。

当然，无论哪种方式，夹注都是可能会用到的。

四、需要注意的问题

在作者注中，篇幅简短或与正文衔接紧密的用夹注；内容较多且与正文衔接不紧密的，用脚注或尾注。

需要的时候才加注释。如果毕业论文的文末用了引文参考文献（不是阅读型参考文献），文中又没有需要特别解释、补充的地方，则可以不用注释。

所有的注释都要规范，内容注力求简洁，出处注应该包含注释所需的所有文献信息。

第十二节　参考文献

一、何为参考文献

按照中华人民共和国国家标准《信息与文献　参考文献著录规则》（GB/T 7714—2015）的定义，参考文献是"对一个信息资源或其中一部分进行准确和详细著录的数据，位于文末或文中的信息源"。它既指我们引用的内容即信息资源的数据，又指对信息源的标示。

标示参考文献有利于我们对自己和别人的成果进行区分，也是一种科学精神的体现。前面我们在讨论论文开题的时候曾经说过，是否有参考文献和参考文献的多少在一定程度上可以显示出论文作者的学术视野。学术研究就是站在别人的肩膀上，比别人看得远那么一点点，所以，写论文的时候参考文献是要有的，尤其对刚刚接触学术研究的大学生而言，规定毕业论文必须有一定数量的参考文献也不为过。一个认真写论文的人，即使学校不规定必须有参考文献，自己要写成、写好论文，也一定会有参考文献的。

二、参考文献的编制原则

虽然毕业论文需要有一定数量的参考文献，但绝不能为了凑数而东拉西扯，只有那些新的、有价值的、规范的文献才有必要列入参考文献。

按照《信息与文献 参考文献著录规则》，参考文献只著录那些公开发表的文献，未公开发表的可以加注释使用。

参考文献分为阅读型参考文献和引文参考文献。很多高校的本科毕业论文一般只要求标注引文参考文献。所以，有的同学的论文一个引文都没有，参考文献却列出一大堆，美其名曰是阅读型参考文献，这是不严谨的。如果遵照硕士、博士学位论文的惯例，在文末列出阅读型参考文献，则应该在文中对引文加上注释，指明出处。

三、参考文献的标注方法

参考文献的标注可以采用顺序编码制，也可以采用著者-出版年制。毕业论文写作一般采用顺序编码制。

顺序编码制，就是引文采用序号标注，参考文献表中的各篇文献按正文部分标注的序号依次列出。简单来说，凡是论文中引用的地方都要以参考文献的方式注明出处，按照引文在整篇论文中出现的先后顺序依次标号，[1]、[2]、[3]、[4]一直到最后一个；在文后的参考文献表中也要从小到大进行标号，每个序号的数字和引文信息与文中标号一一对应。文中的标号使用中括号"[ ]"，右上标。如何实现呢？很简单，在需要标注的地方输入中括号，里面填上序号数字，然后选中，点右键，选字体，选上标即可。

下面是岭南师范学院梁紫颖的本科毕业论文《论网络文学的互动化创作》的参考文献（部分），采用的就是顺序编码制的标注方法：

……"互联网是一种分散式共享的传播系统。从逻辑上看，一个个节点彼此之间是完全平等的……传者和受者在发言的权利方面在一般情况下是平等的，两者的身份可以像人际传播中一样互相转变。既然不存在完全意义上的传者或单纯的受者，传播的中心在一定意义上就不存在了，而一切传播都将成为边缘。"[4]网络文学中的作者和读者也是如此，他们平等地双向互动，相互影响，在一定程度上还可以实现身份的互相转化。

对于读者而言，他们不再像传统文学时期是单纯的接收者，而是拥有接收信息的主动权和文学内容的参与权与生产权。现如今的受众早已经不再是被动的收听者、消费者、接受者或目标对象，他们在参与中完成角色转变，被新的身份——搜寻者、咨询者、浏览者、反馈者、对话者、交谈者取而代之。[5]……

因此在网络文学中，创作主体不再固定是作者，读者的思想、情感态度和价值观都有可能干预甚至决定作品的最终走向。法国学者乌里奇·布洛赫(U.Broich)曾经从后现代的角度把互文性文本的指涉方式概括其中一个方面就是作者死亡：一部作品不再是某一作者的原创，而是交互写作的文本混合，因此传统意义上的作者不复存在。[6]……

参考文献

[4] 孟建,祁林.网络文化论纲 [M].北京：新华出版社，2002: 32.

[5] 丹尼斯·麦奎尔.受众分析 [M].刘燕南,李颖,杨振荣,译.北京：中国人民大学出版社,2006: 158.

[6] 欧阳友权.网络文学本体研究 [D].成都：四川大学,2004: 48.

如前所述，这是一种参照期刊学术论文的参考文献标注方法，文中只用内容注，文末用引文参考文献标注引文的出处，精准实用，方便简洁。

下面的本科毕业论文《邓子龙军事活动述论》[1]则是采用的另外一套标注方法：

结语

邓子龙自幼习武，立志从戎报国。其一生军事活动从东南沿海抗倭转战赣湘黔数省剿匪安民，从西南边陲御缅定边再转战朝鲜抗倭卫国，足迹遍布大半个中国；从一个只能统领10人的普通小旗，经过四十几年的征战，成为统领千军万马的副总兵，战果辉煌，为大明王朝的社会稳定、经济发展和边海防稳固等立下了汗马功劳，为中华民族捍卫国家领土完整和人民生命财产安全建立了不朽的功勋。而且，邓子龙也是一个卓越的军事家和民族英雄，正如《明史》称赞他："昔人谓'武官不惜死'，两人者盖无愧于斯言也夫。"①又正如他曾经在云南永昌湖心亭所题写的楹联"百战归来，赢得鬓边白发；千金散尽，只余湖上青山"②。笔者认为这正是对他戎马一生最好的诠释，是他一生军事活动最真实的写照。总而言之，邓子龙一生的军事活动与平定国家内乱和抵御外敌入侵紧密相连，对明朝的边海防稳固和长治久安产生过重要意义。同时，其为国家和民族做出的贡献也必将流传千古，青史留名，为世人所铭记。

---

① 张廷玉等：《明史》卷二百四十七，中华书局，1974，第6414页。

② 保山市文化志编纂委员会编《保山市文化志》，国际文化出版公司，1991，第396页。

---

[1] 罗江：《邓子龙军事活动述论》，载李平亮、石嘉主编《名达史学新秀——江西师范大学历史学本科生毕业论文选粹》，江西人民出版社，2021，第46—47页。

参考文献

一、基本典籍

[1] 谈迁. 国榷 [M]. 北京：中华书局，1958.

[2] 沈德符. 万历野获编 [M]. 北京：中华书局，1959.

[3] 李士达. 清平洞恤忠祠记碑 [M]//方国瑜. 云南史料丛刊：第7卷. 昆明：云南大学出版社，2001:310-317.

[4] 朱国祯. 涌幢小品 [M]. 上海：上海古籍出版社，2012.

[5] 张廷玉，等. 明史 [M]. 北京：中华书局，1974.

[6] 毛辉凤. 丰城县志 [M]. 台北：成文出版社，1975.

[7] 龙赓言. 万载县志 [M]. 台北：成文出版社，1975.

[8] 夏燮. 明通鉴 [M]. 上海：上海古籍出版社，1990.

[9]〔康熙〕新会县志 [M]. 北京：书目文献出版社，1991.

二、研究专著

[1] 吴晗. 朝鲜李朝实录中的中国史料 [M]. 北京：中华书局，1980.

[2] 汤纲，南炳文. 明史 [M]. 上海：上海人民出版社，1985.

[3] 丰城县县志编纂委员会. 丰城县志 [M]. 上海：上海人民出版社，1989.

[4] 夏于全. 世界通史 [M]. 延吉：延边人民出版社，2001.

[5] 吴晗. 吴晗论明史 [M]. 武汉：武汉出版社，2012.

[6] 范中义，仝晰纲. 明代倭寇史略 [M]. 北京：中华书局，2004.

[7] 毛静. 邓子龙传 [M]. 北京：学苑出版社，2015.

[8] 晁中辰. 明朝对外交流 [M]. 南京：南京出版社，2015.

[9] 聂冷. 邓子龙传 [M]. 北京：人民文学出版社，2015.

[10] 陈梧桐，彭勇. 明史十讲 [M]. 北京：中华书局，2016.

三、研究论文

［1］孟森．清代堂子所祀邓将军考［J］．国立北京大学国学季刊，1935（1）．

［2］杨复兴．明将邓子龙在云南遗迹考察［J］．云南民族学院学报，1987（4）．

［3］段家开．明永昌参将邓子龙戍边卫国事略［J］．保山师专学报，1994（1）．

［4］杨方箎．邓子龙统师铜鼓事迹考诠［J］．宜春师专学报，1999（4）．

［5］刘杰．邓子龙与清平洞［J］．创造，2003（2）．

［6］毛静．邓子龙与清代"堂子"所祀邓将军关系考：兼论孟森先生《清代堂子所祀邓将军考》［M］// 李玉英．艺海探真：论文论著选编．南昌：江西人民出版社，2011:173-180．

［7］彭瑞．丰城岳家狮的社会特征与功能价值研究［J］，农业考古，2011（4）．

［8］周雪根，高明扬．明代民族英雄邓子龙诗之情思内涵［J］．长江大学学报（社会科学版），2018（1）．

这里也是采用的顺序编码制，只不过将引文的出处用脚注的形式放到文中，文末按照基本典籍、研究专著、研究论文等不同的分类列出阅读型参考文献。这种方法也是很多学校所要求的，适合较长的论文，文末阅读型参考文献的文献信息可不标具体的页码。

四、参考文献类型和文献载体标识代码

参考文献有普通图书、期刊、报纸等，还有以磁盘、光盘等为载体的各种电子资源。

不同的文献载体有不同的标识代码，以其英文的首字母大写来表

示。下面是常见文献类型和文献载体标识代码的对应表，大家要弄清各种文献的分类，记住各自的标识代码。

常见文献类型和标识代码表

文献类型	标识代码	英文书写
普通图书	M	monograph
会议录	C	conference
汇编	G	gathering
报纸	N	newspaper
期刊	J	journal
学位论文	D	dissertation
报告	R	report
标准	S	standard
数据库	DB	database
电子公告	EB	electronic bulletin
档案	A	archives
磁带	MT	magnetic tape
磁盘	DK	disk
光盘	CD	CD-ROM
联机网络	OL	online

五、参考文献的著录格式

参考文献都要采用标准化的著录格式，以示规范。不同类型的文献著录格式有所不同。下面我们来看看几种常见类型的参考文献的著录格式。

1. 专著

根据《信息与文献 参考文献著录规则》，专著的著录项及著录格式为："主要责任者.题名:其他题名信息［文献类型标识/文献载体标识］.其他责任者.版本项.出版地:出版者,出版年:引文页码［引用日期]．获取和访问路径．数字对象唯一标识符．"

具体请看示例：

  [1] 赵金钟．倚树听流泉：唐河冯氏家族文化评传[M]．郑州：郑州大学出版社，2013:99．

  主要责任者，一般指的就是著作的作者，这里是赵金钟；题名指的是书名，这里是《倚树听流泉》，其他题名信息指的是副标题、分卷书名等信息，很多著作没有这一项，这里有副标题——"唐河冯氏家族文化评传"；文献类型标识，前面说过，专著是M，所以写上M，打上中括号；文献载体标识是针对电子资源的，纸质图书不需要这一项；其他责任者，没有就不用写，译著的，翻译者就是其他责任者；版本项，第1版可以省略，非初版都要注明，古籍中的抄本、刻本等版本信息也要注明；出版地就是出版者所在的城市，不是省、自治区，比如广西师范大学出版社的出版地不是广西，而是桂林；出版者一般指的是具体的出版社，照着版权页写就可以了；出版年用阿拉伯数字，公元纪年，这里是2013；引文页码写上引文在著作中的具体页码或者起止页码，这里是99；引用日期是针对电子资源的；获取和访问路径，有的话要据实写上电子资源的网址等来源；数字对象唯一标识符，有就写，没有就不写。

  以上示例表明，序号为[1]的引文出自赵金钟写的《倚树听流泉——唐河冯氏家族文化评传》这本著作，文献标识码为M，这本书出版地在郑州，由郑州大学出版社于2013年出版，引文出自这本书的第99页。

  还要注意著录符号。主要责任者后面是实心点，题名和其他题名之间是冒号，题名不用书名号，文献类型标识后面是实心点，出版地后面是冒号，出版者后面是逗号，出版年后面是冒号，页码后面是实心点。记住,这些符号都是在西文状态下输入的。

2. 专著中的析出文献

根据《信息与文献　参考文献著录规则》,专著中的析出文献的著录项及著录格式为:"析出文献主要责任者.析出文献题名［文献类型标识/文献载体标识］.析出文献其他责任者//专著主要责任者.专著题名:其他题名信息.版本项.出版地:出版者,出版年:析出文献的页码［引用日期］.获取和访问路径.数字对象唯一标识符."

具体请看示例:

[1] 梁实秋.关于徐志摩[M]//邵华强.徐志摩研究资料.北京:知识产权出版社,2011: 380-382.

专著中的析出文献与专著的区别在于,析出文献只是专著众多文献中的一篇,所以,在著录项中除了专著的责任者和题名,多了一个析出文献的责任者和题名。另外,文献类型标识标注在析出文献题名之后,在专著主要责任者之前用"//"与析出文献各项分开。

3. 期刊、报纸等连续出版物中的析出文献

这里有两个示例:

示例1

[1] 阎开振."桥"的意象与京派文学[J].中国现代文学研究丛刊,2005(5): 77.

示例2

[2] 张德明.海洋视野壮大当代诗歌格局[N/OL].光明日报,2019-02-13(14)[2019-08-07].http://epaper.gmw.cn/gmrb/html/2019-02/13/nw.D110000gmrb_20190213_2-14.htm.

根据《信息与文献　参考文献著录规则》，连续出版物中的析出文献的著录项及著录格式为："析出文献主要责任者.析出文献题名［文献类型标识/文献载体标识］.连续出版物题名:其他题名信息,年,卷（期）:页码［引用日期］.获取和访问路径.数字对象唯一标识符."

析出文献主要责任者和析出文献题名，也就是我们引用的文献的作者和文章标题；期刊文献类型标识是J，报纸是N，电子资源还要注明文献载体标识，如网络报纸是N/OL；连续出版物题名就是刊名或报纸名；然后是年、卷、期、页码；电子资源还要标明引用日期、获取和访问路径等，如示例2。

与专著不同的是，出版日期一项，期刊要有出版年、卷、期号，报纸要有出版年月日和具体版面。示例1"中国现代文学研究丛刊,2005(5):77."表明，标号为[1]的引文出自《中国现代文学研究丛刊》2005年第5期第77页；示例2表明，标号为[2]的引文出自《光明日报》2019年2月13日第14版。

4.电子资源

这里的电子资源，是指除了电子专著、电子专著中的析出文献、电子连续出版物中的析出文献等以外的其他电子资源。

根据《信息与文献　参考文献著录规则》，电子文献的著录项及著录格式为："主要责任者.题名:其他题名信息［文献类型标识/文献载体标识］.出版地:出版者,出版年:引文页码(更新或修改日期)［引用日期］.获取和访问路径.数字对象唯一标识符."

请看示例：

盛红,程谋.诗人梁平:一个人与两座城.[EB/OL](2015-03-04)[2016-01-08].http://www.cq.xinhuanet.com/2015-03/04/c_1114518629.htm.

以上是著作、期刊、报纸和电子资源的著录格式。其他文献类型的著录格式也都大同小异，具体可参考《信息与文献　参考文献著录规则》，这里不再赘述。

六、参考文献的自动化生成

参考文献的整理是一项比较烦琐的工作，需要耐心和细致。随着信息化的发展，我们可以采取一些简便的方式自动生成参考文献。

在中国知网查找文献时，只需要点击该条文献栏最后的"引用"，就可以自动生成格式规范的文献征引信息，复制粘贴到论文中，只需要修改一下页码就可以了。或者通过"导出文献"，选择参考文献著录规则 GB/T 7714—2015 格式或 MLA 论文指导格式等符合自己需要的不同格式，导出，然后做局部的细节修改后使用。

当文献很多时，我们也可以利用相关软件进行文献征引信息的整理。中文期刊文献可以使用 NoteExpress，外文期刊文献可以用 EndNote，这些软件可以帮我们生成符合国家标准的参考文献格式，节省不少精力。

当然，所有的自动生成信息都需要认真核校。况且，那些并不是出自数据库的文献，其参考文献信息还是要自己手动输入，所以你还得认真揣摩，掌握参考文献著录格式的相关要求和细节。

第十三节　致谢

一、何为致谢

所谓致谢，就是论文写作者对为论文写作提供了实质帮助而又不能列为作者的单位或个人表示感谢。

毕业论文写作是一项非常艰苦的工作，耗费时间长，劳动强度大。在这个过程中，你可能茫然无措，可能焦虑、烦恼、痛苦，甚至无数次想要放弃……但你最终还是完成了。那么，是谁在你茫然无助的时候为你指点迷津？又是谁在你最需要的时候为你提供帮助和支持？物质上的，专业上的，精神上的，无论哪种，都值得被铭记和感谢。我们要心怀感恩。如果毕业论文写完了，却发现一个需要感谢的人都没有，那没有别的，只能说明你根本没有投入多少精力和情感在论文上面。

所以，一个认真写毕业论文、对毕业论文倾注了情感的人，会在完成论文之后"自动"撰写致谢，甚至在论文还没写完的时候就迫不及待地要把想说的话、想感谢的人和事写进致谢里了，而不是等到最后按照毕业论文规范增加致谢这一项。

二、致谢的对象

在本科生的毕业论文中，被致谢者主要包括以下几类：

一是为你的研究和论文写作提供了经济资助或便利条件的。比如你去访谈，百忙之中接受你访谈的人；你去采集语料，克服了很多困难为你提供录音的人；你去调研，人生地不熟，帮你落实调研对象，分发和回收调查问卷的人。这些人都应该写进致谢里。

二是为你的研究和论文写作提供了指导、建议和资料的。如果在你写论文的过程中，有人愿意把自己手里收藏的书信、未刊手稿提供给你，那这个人简直是太无私了；或者你意外地在某个图书馆、档案馆弄到了一大批研究资料，那就应该致谢这个单位；至于为论文写作提供指导和建议的，那要首推你的论文指导老师了。指导老师在你写论文的各个环节都付出了很多，为你的论文操碎了心，所以一定要主动地、大篇幅地感谢指导老师！

三是为你的研究和论文写作提供了生活帮助、精神支撑及其他帮助的。这个主要是你的家人、你的闺蜜、你的死党，甚至还有心中的那个他（她）！他们陪你哭陪你笑，给你钱花给你拥抱，写进致谢很有必要！

三、致谢的要求

首先，致谢要真诚。致谢应该是发自内心的感谢，不要虚情假意，言不由衷。也不要太夸张，"我对你的崇拜如滔滔江水""你的大恩大德我今生难忘"之类的，让人看了浑身起鸡皮疙瘩。更不要照搬别人的文字，一个老师指导好几个学生，把致谢一看，发觉大家的话都是一样的，别提有多倒胃口了。

其次，致谢要真实。所谓真实，就是致谢时不要缩小甚至抹杀别人的贡献，也不要夸大别人的帮助，更不要为了沾上大咖和名人的光而虚构一些子虚乌有的东西。致谢对象要考虑周全，不要顾此失彼，该感谢的不感谢，不该感谢的一个个全感谢了。

最后，致谢要严肃。所谓严肃，不是说语言表达一定要四平八稳老气横秋，而是说态度上要认真对待，不要吊儿郎当，更不要恶搞，不要效仿网上流传的一些恶搞的致谢。不尊重别人的同时其实也是在侮辱自己。

四、注意事项

致谢不要走极端,既不能采用网上流传的极简版的一句话致谢,又不能太过啰唆,恨不得把大学四年的人和事记流水账一般一股脑儿全写上去。

致谢内容不要过于私密。致谢终究会随着论文的提交而逐级上传,甚至成为众多人可见的公共资源,所以,一些过于私密的事不宜披露,要注意保护隐私。

语言要得体。致谢时要明确自己所处的位置,弄清和被致谢者的关系,要注意措辞。可以使用文言,但要确保语义的正确性;要用文言最好就通篇用文言,不要半文半白,文白夹杂,这样还不如通篇用规范的现代汉语。

第十四节　附录

一、何为附录

对于毕业论文来说,附录是指附在论文正文后面的相关资料。选择附在正文后面而不编入正文,可能是因为篇幅过大,也可能是因为这些资料不是原创性的,而是复制品。

二、哪些可以作为附录

在论文写作中，那些与论文正文相关、对我们理解文章有帮助而又因为篇幅过长等原因不便编入正文的资料，可编入附录附在论文后面。比如论文信息采集用到的调查问卷、访谈实录、原始数据、统计表等，或论文作者在这一阶段发表的文章等研究成果，都可作为附录编入。

三、本科毕业论文的附录

附录是论文的补充部分，不是每篇论文必备的要素，它是一个可选项，可以根据实际需要决定是否编制。一般的本科毕业论文都没有附录。如有附录，则使用正文的连续页码，另起一页开始编排。多个附录则按顺序分开编排。

【练习与思考】

一、选择

1. 论文标题最长不超过（   ）。

A. 30字　　　　　　　　B. 40字

C. 12字　　　　　　　　D. 20字

2. 摘要中最重要的是（   ）。

A. 方法　　　　　　　　B. 过程

C. 手段　　　　　　　　D. 结论

3. 下列可以写入摘要的是（   ）。

A. 表格　　　　　　　　B. 非公知术语

C. 引文　　　　　　　　D. 主要观点

4. 论文的主体部分是（   ）。

A. 引言　　　　　　　　B. 正文

C. 结论　　　　　　　　D. 摘要

5. 在使用注释时，与正文衔接紧密的简短注文用（   ）。

A. 脚注　　　　　　　　B. 尾注

C. 旁注　　　　　　　　D. 夹注

6. 毕业论文写作采用顺序编码制作为参考文献标注方法时，编号格式一般为（   ）。

A.（1）　　　　　　　　B. ①

C.【1】　　　　　　　　D. [1]

7. 档案的文献类型标识代码为（   ）。

A. A　　　　　　　　　B. B

C. C　　　　　　　　　D. D

8. 本科毕业论文较为合适的摘要字数大约为（   ）。

A. 50字　　　　　　　　B. 100字

C. 300字　　　　　　　　　D. 600字

9. 下列可以写入摘要的内容为（　　）。

A. 一般知识　　　　　　　B. 论文评价

C. 引文　　　　　　　　　D. 论文价值

10. 在对论文关键词进行排序时，排在前面的是（　　）。

A. 常见的关键词　　　　　B. 陌生的关键词

C. 表达核心主题因素的关键词　D. 表达非核心主题因素的关键词

11. 本科毕业论文的关键词较为合适的数量是（　　）。

A. 2个　　　　　　　　　B. 5个

C. 8个　　　　　　　　　D. 10

12. G作为文献载体标识代码所代表的文献类型为（　　）。

A. 汇编　　　　　　　　　B. 报纸

C. 电子图书　　　　　　　D. 会议录

13. 采用行中引引用诗歌时，节与节之间可使用符号（　　）。

A. " "　　　　　　　　　B. |

C. /　　　　　　　　　　D. //

14. 摘要应该使用第（　　）人称。

A. 一　　　　　　　　　　B. 二

C. 三　　　　　　　　　　D. 四

15. 下列不属于选取关键词时重点审读对象的是（　　）。

A. 题名　　　　　　　　　B. 摘要

C. 全文　　　　　　　　　D. 结论

16. 毕业论文中不需要翻译成英文的是（　　）。

A. 作者信息　　　　　　　B. 摘要

C. 关键词　　　　　　　　D. 目录

17. 提行引引文本身有省略号时，引用时后加的省略号外要加（　　）。

A. (   )　　　　　　　　B. 【   】
C. [   ]　　　　　　　　D. {   }

二、判断

1. 论文的副标题也是检索项。（   ）

2. 论文署名的最大意义在于文责自负。（   ）

3. 摘要应该自成一体，并可以单独使用。（   ）

4. 关键词只能是词，不能是短语，更不能是句子。（   ）

5. 关键词重要的是如何选取出来，一旦选取出来如何排列其实无关紧要。（   ）

6. 行中引引用原意时不加引号。（   ）

7. 引文参考文献与出处注的功能基本相同。（   ）

8. 对专著进行参考文献著录时，专著的"出版地"指的是出版该专著的出版社所在省的省会所在地。（   ）

9. 论文标题中除了书名号、破折号和冒号，不能使用其他标点符号。（   ）

10. 除了对论文质量把关之外，毕业论文的指导教师没有其他意义和责任了。（   ）

11. 引言实际上是摘要的注释。（   ）

12. 结语与引言应该相互呼应，前后贯通，文字上也可以部分相同。（   ）

13. 每一篇毕业论文都要有附录，用以编入与正文有关的资料。（   ）

三、简答

1. 毕业论文的标题有哪些要求？

2. 哪些内容不能写进摘要？

3. 关键词排序的原则是什么？

4. 引用原意的引文有哪些注意事项？

5. 按功能分，注释有哪些类型？

6. 参考文献的作用有哪些？

四、思考

1. 为什么一般都要求毕业论文有一定数量的参考文献？

2. 出处注和引文参考文献有什么联系和区别？

第六章
毕业论文修改

第六章 毕业论文修改

第一节 好文章是如何改出来的

修改是论文写作者的一项基本功，也是贯穿毕业论文写作始终的一个必经环节。好文章既是写出来的，也是改出来的。同学们在毕业论文写作的过程中，不仅要尊重、领会老师的修改意见，能够按照修改意见进行修改，更要学会自己发现问题、自我修改。那么，好文章是如何改出来的呢？

一、材料的取舍

材料在论文写作中起着至关重要的作用。清蒸鱼、红烧鱼、剁椒鱼头各有味道，但前提是我们得把鱼这个材料从菜市场买回来。写论文也是如此。前期，我们在搜集资料的时候实际上就已经进行了一次材料的筛选。我们在阅读资料的时候一般都会做好笔记，记下思想的火花，做好材料的摘录，这是二次筛选。我们在使用材料时要对材料进行分析整合，选取最精要、最有证明性的部分写入论文，这是又一次材料的筛选。

在论文审读和修改的过程中，我们可以对照材料的相关性以及真实、典型、新颖的总体要求，对毕业论文中的材料进行取舍。

毕业论文应该选择那些与选题密切相关的材料，所以，与论文主题和主要观点只沾得上一点点关系的材料都可以删除，非核心的、关系不是很密切的材料也要大量压缩。不能因为材料难找就懒得去找，也不能因为材料比较缺乏就"以次充好"。

毕业论文应该选择真实确凿的材料，所以，凡是在真实性上不能保证的材料不能保留在论文中。你得自我审查，论文中的数据来源是否权威、数据本身是否准确；史料陈述有无歪曲和变形；引文是否准确；名人名言的使用，也要保证真实性，动不动就是"鲁迅说"，鲁迅到底说过没有，是不是网上别人的杜撰，都要弄清楚。

毕业论文应该选择典型的材料，所以，如果不是，时间来得及的话最好用更具代表性的材料进行替换。只有典型的材料才是最具论证力量的。

毕业论文应该选择新颖的材料。时代是发展的，学科观点、学术观念甚至研究方法总是在不断更新，所以，你要看看被你写入论文的当年的所谓事实是不是被证伪了，被你追踪的当时的热点是不是一时的炒作，你所引用的文献是不是全部是十几年前甚至是上个世纪的，还有没有最新的研究成果。

弄清楚了这些问题，我们就可以从材料入手来对论文进行修改，该删除的删除，该压缩的压缩，该增加的增加，该调换位置的调换位置，使得写入论文的材料真实、典型、充分、新颖。

二、观点的斟酌

观点是论文的核心、灵魂，也是论文写作的最终指向。观点的产生，可以通过实践提炼，可以通过材料归纳，还可以通过逻辑推导。

毕业论文的观点要正确，要符合常识，符合科学和审美规律，客观全面。所以，如果发现论文中有错误的观点，要立即改正，观点片面的也要有所修正。有些人在发表观点的时候喜欢以偏激来博出位，甚至纯粹是哗众取宠，这些都是不可取的。

毕业论文的观点要鲜明，是什么观点就说什么观点，是什么立场就表达什么立场，切忌支支吾吾。凡是态度不明确，或者观点本身含混不清的，都要修改。有些论文的某些段落，洋洋洒洒几百字，说来说去什么都没有表达，只是一些材料的罗列。有的论文的论述总是想"左右逢源"，正说一下又反说一下，也不做评判，似乎都有道理，仔细一想，作者自己的观点和结论全无一星半点。这些都是写毕业论文的时候要克服的。

毕业论文的观点要新颖，要随着时代的变化、技术和思想的进步进行更新，切勿陈旧。陈旧的观点没有吸引力，没有创新性，也就没有学术价值。

在毕业论文修改的过程中，要不断充实自己的观点，也要根据对材料的增删取舍修正相应的观点，使整个论文的观点和结论更科学，更有学术价值，更有新鲜感。

三、结构的把握

结构是一篇文章的谋篇布局，是论文的骨架和脉络。一篇论文的结构应该整体完整，布局合理，层次清晰，逻辑严密。毕业论文结构常见的问题有：

1. 结构松散，层次不清

有的毕业论文没有分层或者分层很少，层与层之间没有进行合理的标注，造成整篇论文看起来不够紧凑，层次比较杂乱，这都需要修改。

本科毕业论文结构的层次性，可以通过层次标号和层级标题来显示。也就是用"一、""（一）""1.""（1）"，或者"1""1.1""1.1.1"来标示层级。但这还只是论文层次性的初步显现，论文的深层结构不仅在于分层，更在于各层之间的相互融合。在论文修改的过程中，要想办法让文章看起来条分缕析，层次清晰，结构紧凑。

2. 结构混乱，缺乏逻辑

论文的结构不仅要讲究层次性，更要讲究逻辑性，没有内部逻辑的单纯层次实际上是一种混乱。有的毕业论文，该放到第三部分的内容却放到了第一部分，该放到第一层级的却放到了第二层级，递进式结构的论文却看不到层层推进的论证逻辑，并列或总分式的结构也未能将各部分有机联系为一个整体，这些都是需要修改完善的。通过修改，让论文的各个层次待在属于自己的位置，让整个论证环环相扣，逻辑严密。

3. 结构失衡，分布不均

比如你的论文主体部分从三个方面展开论述，这三个方面是并列关系，处在同一个层级，按理说论述时应该平均用力，篇幅也大致相同。如果你第一方面分为两点，写了1000字，第二方面分为五点，写了5000字，第三方面没分点，只笼统地写了500字，这个结构安排显然就失调了，需要调整。最好对第二方面稍加压缩，对第一方面尤其是第三方面进行充实，使得全文结构均衡。

四、语言的推敲

毕业论文总体上来说是一种理论文体，它有着不同于文学写作和应用写作的语言要求。

首先，论文的语言要有准确性，意义要单一，要精准表达思想和观点，不能像文学语言那样朦胧、多义。特别是文学研究论文，不能像文学创作那样，用抒情性的、诗性的语言来写。有的人写的研究抒情散文的论文比抒情散文还抒情，这是很不专业的。

其次，论文的语言要有理论性，有理论深度，使用专业术语，概括性要强，所以，它没有文学语言那么生动形象，而是抽象思维的表达。论文的语言不能晦涩、生造，但也不能太生活化、文学化。

再次，论文的语言要有议论性，因为归根到底，论文是观点的表达，而不是情感的抒发，所以，议论是论文写作的第一表达方式。

最后，论文的语言要有规范性，不能像文学语言那样自由随性，也不能像生活语言那样直白、口语化。论文语言的规范性首先体现在它的专业性上。当然，语法、文法的规范也是要注意的。

毕业论文的语言有三个层次：第一个层次，是语言的顺畅，也就是把话写通顺，没有语病，基本能表达想要表达的意思。第二个层次，是语言的准确和规范，既包括专业表达的准确，又包括文字上的语法、书写、表达的规范性。第三个层次，是语言的表达力量和美感。其实，枯燥和难懂并不是论文的代名词，论文也可以写得富有美感，富有亲和力，又充满表达的力量。

我们在对毕业论文进行审读和修改的时候，在语言上可以对照这三个层次进行，不能低于第一个层次，确保达到第二个层次，努力实现第三个层次。

五、标点符号的规范

对于论文的研究价值而言，标点符号似乎是小事，几个标点符号用得不对似乎无伤大雅；然而就学术研究的规范性和严谨性而言，连标点符号都不能正确使用的人是存在文化素养缺陷和科学素养硬伤的。所以，我们在进行论文修改的时候，除了着眼于论文的观点、材料、结构等大的方面，对于标点符号这样的细微之处也应该加以注意。

在操作层面，可以从以下几个方面进行审视。

1. 正文中的标点符号应在中文状态下输入

我们先来看一看中文状态和西文状态下标点符号的差别：

	问号	括号	叹号	引号	逗号	句号	分号	冒号	书名号
中文状态	？	（）	！	""	，	。	；	：	《》
西文状态	?	()	!	""	,	.	;	:	<>

从表格中可以看出，中文状态下的标点符号和西文状态下的标点符号是不一样的：中文状态下的问号要窄一些，括号要淡一些，逗号、分号、冒号都要黑一些、粗一些，句号是空心（西文状态下是实心点），

双书名号里面还可以用单书名号（英文中没有书名号，英文状态下的单书名号内角要小很多）。这些差别都是需要我们掌握的，否则中西格式混用就显得不伦不类了。毕业论文正文中的标点符号应在中文状态下输入，如不是，按 Shift 键切换。

2. 参考文献的标点符号应在西文状态下输入

采用《信息与文献 参考文献著录规则》编制的参考文献的标点符号应在西文状态下输入。比如在下面的示例1中，出版地"北京"后面的冒号和出版年"2007"后面的冒号都是在中文状态下输入的，显得过宽了；"中国社会科学出版社"后面的逗号也是如此，都是不规范的。参考文献中的标点符号需要在西文状态下输入，才显得紧凑、规范，如示例2。

示例1

[1] 熊家良. 现代中国的小城文化与小城文学 [M]. 北京：中国社会科学出版社，2007:16.

示例2

[1] 熊家良. 现代中国的小城文化与小城文学 [M]. 北京: 中国社会科学出版社, 2007:16.

3. 容易出错的几个标点符号

省略号为居中排列的6个实心圆点（……），同时按"Shift"和"6"就可以打出来。省略号使用不规范有以下几种情况：不在正中而在下边缘（......），6个顿号（、、、、、、），6个连接线（------），3个点（…），甚至是3个在下边缘的点（...）或者连接线（---）。

破折号为居中一字排列的两个短横线（——），同时按"Shift"和"—"就可以打出来。有的人明明打出了两个短横线，却偏偏要删掉一个变成半边破折号（—）；有的人把连接号连按六次（------），甚至只按一次，用短短的连接号（-）作为破折号；还有的人把横线不打在正中而打在下边缘（___）。

4. 修改变形或杂乱的标点符号

采用网络复制或文字识别手段获取的文字部分，要注意修改其中变形或杂乱的标点符号。从网络复制的内容中，引号、省略号等一般都不规范，有的带有超文本链接，有下划线等，都要修改；CAJ文字识别后的文字中，冒号、问号等都会变成西文状态，也需要修改。

5. 检查引文的标点符号是否正确

这里有几个例子：

例1

王彬说："现在散文的数量很多，但是好东西确实是很少，经典更少。"[1]

例2

王彬说的"现在散文的数量很多，但是好东西确实是很少，经典更少"[1]这种观点我是不认同的。

例3

有些关于散文的观点我是不认同的，比如王彬所说，"现在散文的数量很多，但是好东西确实是很少，经典更少"[1]。

凡是把引文作为完整独立的话使用，点号放在引号之内，如例1，王彬说的这句话是作为他的观点单独呈现的，所以句号放在引号里面。凡是把引文作为引用者的话的一部分，点号放在引号之外，如例3，王彬的话是"我""不认同"的对象，句号是针对这一整句话的，所以放到引号之外。至于例2，引号里面的话成为整个句子的一部分了，所以引文中"经典更少"后面的句号要去掉。

顺便说一下，注释或参考文献的标注序号要紧跟引文原文，一般都是紧跟着引号的后半部分。比如例1，不能把标注序号放到引号内；例2不能把标注序号放到句末，那样与引文隔得太远了；例3中一般也不把标注序号放到句号之后，而是紧挨后引号。

6. 引号、书名号连用时通常不加顿号

下面是几个例子：

例1

从这篇文章中，我们可以总结出"求实""创新""奋进""反思"几个关键词。

例2

张斌川，本名张斌，江苏省作家协会会员，苏州高新区作家协会主席，著有《一个村庄的眼睛》《河流向西》《怀抱热望》等。

例3

史习斌，曾用笔名史如一等，中国作家协会会员，广东省作协文学院签约作家（第五届），著有《隔岸的灯火》（散文集）、《阳光落到低处》（诗集）、《文学批评与文本聚焦》（批评文集）、《〈新月〉：一种同人期刊与自由媒介的综合透视》（学术专著）等。

例1中，"求实""创新""奋进""反思"这几个词之间原来是用顿号的，现在通常不需要用了，因为这些引号之间本身就可以起到并列和分隔的作用；例2的三本著作之间通常也不再需要用顿号；但是如果有其他成分插在并列使用的书名号之间，则要用顿号，如例3，《隔岸的灯火》后面括号里的"散文集"、《阳光落到低处》后面括号里的"诗集"等都是插入成分，如果之间不用顿号，意义就变得很混乱了。

六、引文出处的核对

为了提高毕业论文的科学性和规范性，一定要对引用文献的出处进行详细而准确的标注。引文出处标注错误是论文写作的硬伤，不仅会影响论文的学术水平，还有可能涉及学术不规范甚至学术不端等问题。

在论文写作中，我们应该在阅读资料并决定引用的时候就记录好参考文献信息，以避免日后重新查找的麻烦。如果我们是用追溯法通过别人的文章或著作获取的参考文献，或者是转引的文献，又或者是来自网络资源的非一手文献，这些时候就要去寻找文献的原始出处，重点核对引文的详细信息，以避免原引用信息不准确而以讹传讹。比如你从期刊网下载一篇文章，或者别人贴在网络博客上的文章，你看到作者引用的一段话很有价值，你也想引用，于是你就把作者的参考文献信息原封不动地复制过来。按说这应该是没有问题的，可是你按照作者标注的文献来源一查，发现页码搞错了。怎么回事呢？要么是原作者没有去核对，他搞错了；或者他也是顺着别人的文章追溯复制过来的，别人错了，他也跟着错了。要么就是别人本来是正确的，他发到博客上的时候偷偷改了页码，为的就是防止再有人不劳而获。你只管复制粘贴却不去核对，就傻傻地上当了！

所以，一定要认真对待参考文献的信息，不要满足于复制粘贴别人文章中的引文信息，即使是别人发表过的文章中的引文，追溯引用时也要核对。更不能因为时间紧，一时找不到原文献而随便写一个页码，宁愿放弃这段引文也不要这么做。

第二节　修改符号的使用

无论是初稿还是二稿，毕业论文都离不开修改。在修改的实际操作层面，自然离不开修改符号的使用。现在的毕业论文基本都是电子稿件，但在修改的时候，有的老师是在电子稿上修改，有的则要求采用传统方式，上交纸质版论文进行修改。学生也可以根据实际情况，选择适合自己的修改方式。电子文稿和纸质文稿在修改的过程中会有所不同，下面我们来分别看一看。

1. 电子文稿的修改

将 word 电子文稿打开，点击"审阅"，然后点击"修订"，进入修订模式，即可开始进行修改了。在显示标记的情况下，在右边的修改栏可以很明确地跟踪对文档所做的修改。

下面是一段电子文稿的原稿和 word 修订稿，大家可以进行比较。

原稿：

　　双雪涛是近年来受到广泛关注的八零后东北作家，和班宇、郑执并称"铁西三剑客"，他的大多数作品关注到由时代转变而引发人们生活、思想上的变化，以大时代为背景聚焦于普通人的沉浮，让曾经陷入荒凉的北方充满了底层群众的生命气息。本文以双雪涛的《光明堂》为文本，通过叙事学理论分析作品叙事视角、叙事空间、叙事意象以及叙事语言在运用上的独特之处，以探讨双雪涛在叙事上的巧妙构思。

修订稿：

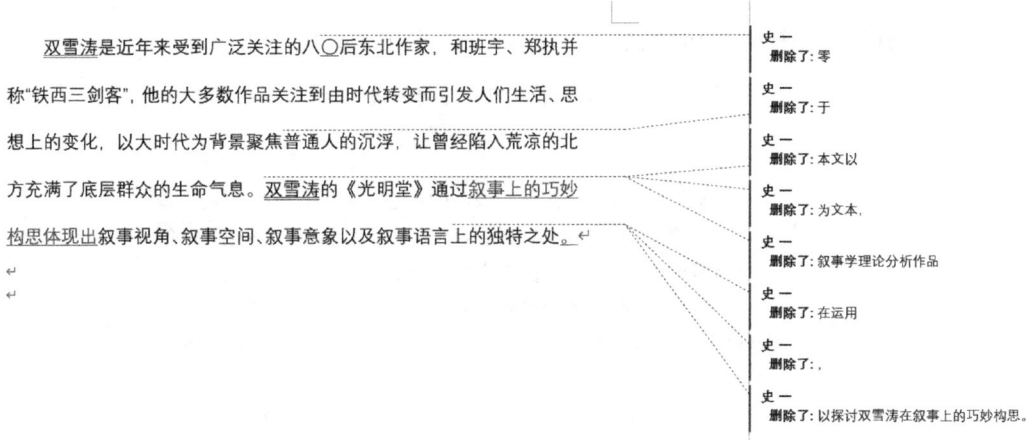

如果学生对修改部分认可，点击"接受"，修改栏的备注文字即可自行删除；如果不接受修订内容，可点击"拒绝"，和老师进行商讨后再行决定。

2. 纸质文稿修改

通过电子文稿对论文进行修改有好处，但也有一些问题，比如不便于纸质存档、不能直观反映修改内容与原内容的对比、看电脑时间太长不利于视力保护、对不太会用电脑的人不够友好等。所以，现实中仍然有相当一部分人是通过纸质版文稿进行修改的。

用传统的纸笔修改涉及修改符号的使用。国家技术监督局1993年11月16日批准、1994年7月1日实施的中华人民共和国国家标准《校对符号及其用法》（GB/T 14706—93）适用于各种中文校样的校对工作，毕业论文稿件的修改也可以参考使用。

《校对符号及其用法》提供了字符的改动、字符方向位置的移动、字符空间距的改动和其他情况的文稿校对样例，每个从事文字工作的人都应该熟悉和掌握。掌握了这套校对符号的用法，在毕业论文写作过程中不仅能看懂老师的批改，而且在自我修改时也用得上，能够大大提高论文写作的效率。

以下为《校对符号及其用法》中的校对符号应用实例（部分），我们可以从中熟悉和体会一些基本的校对符号的使用方法。

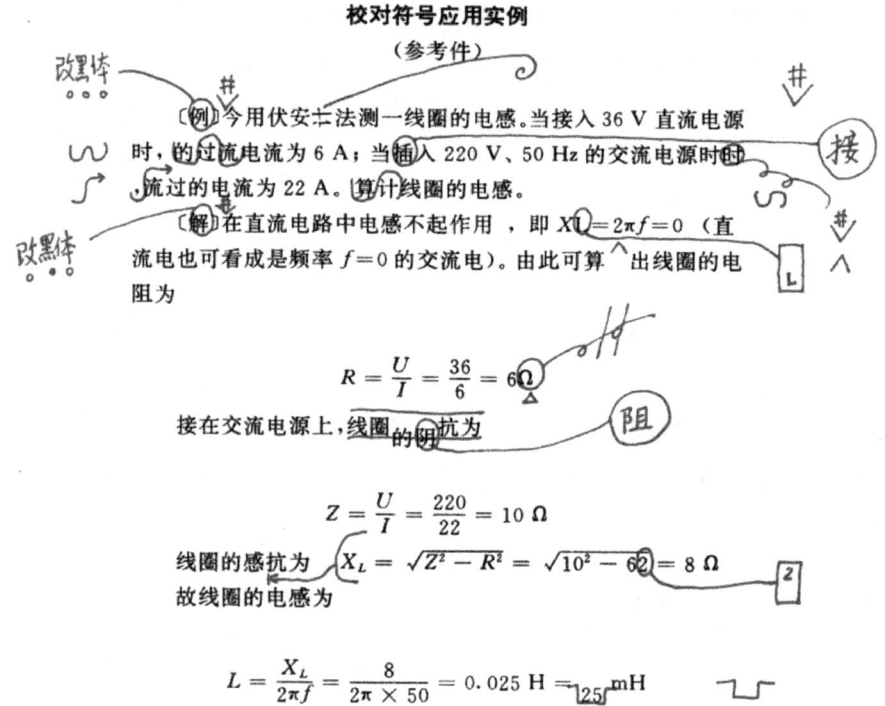

【练习与思考】

一、选择

1. 以下不属于论文材料真实性要求的是（　　）。

　　A. 数据要准确　　　　　　　B. 历史事件符合历史事实

　　C. 引文要准确　　　　　　　D. 事实有代表性

2. 论文的观点要符合常识，符合科学和审美规律，这说的是观点的（　　）。

　　A. 鲜明性　　　　　　　　　B. 正确性

　　C. 典型性　　　　　　　　　D. 新颖性

3. 论文的结构混乱本质上是由于（　　）造成的。

　　A. 分布不均　　　　　　　　B. 表达不清

　　C. 逻辑不清　　　　　　　　D. 思路不清

4. 论文的语言具有（　　）。（多选）

　　A. 准确性　　　　　　　　　B. 议论性

　　C. 朦胧性　　　　　　　　　D. 规范性

二、判断

1. 毕业论文的观点要鲜明，切忌支支吾吾、含含糊糊。（　　）

2. 并列出现的作品名称各自加上书名号，书名号之间通常不用顿号。（　　）

3. 转引他人的文字是最省事的，把需要引用的文字和其引用信息直接复制过来就可以了。（　　）

三、简答

1. 如何理解修改在毕业论文写作过程中的作用？

2. 毕业论文的修改可以从哪些方面进行？

四、思考

我们可以采用哪些方法确保参考文献的准确性？

第七章
学术规范

第一节 毕业论文检测

目前，大部分高校基本上在学生毕业论文定稿之时、答辩之前，都要对论文进行检测，以确定论文的原创性以及是否存在学术不端行为。只有复制比低于学校规定的比率并被指导老师判定通过检测的论文才能够参加论文答辩。

一、论文检测平台

目前在国内，提供论文检测服务的平台有万方数据公司开发的万方论文相似性检测系统，重庆维普资讯有限公司开发的维普论文检测系统等。更为大家所熟知、运用更广泛的可能还是同方知网开发的学术不端文献检测系统，这个系统2006年投入开发，2008年底投入使用，已经较为成熟。它有专门针对科技期刊的，有专门针对社科期刊的，还有一个针对所有大学生的——中国知网大学生论文检测系统。

这个系统检测速度非常快，一篇万字左右的论文，几秒钟就能完成比对。它收录的资源非常丰富，检测范围非常广，包括中国学术期刊网络出版总库、中国博士学位论文全文数据库/中国优秀硕士学位论文全文数据库、中国重要会议论文全文数据库、中国重要报纸全文数据库、中国专利全文数据库、图书资源、优先出版文献库、大学生论文联合比对库、互联网资源（包含贴吧等论坛资源）、英文数据库（涵盖期刊、博硕、会议的英文数据以及德国 Springer、英国 Taylor&Francis 期刊数据库等）、港澳台学术文献库、互联网文档资源、CNKI 大成编客-原创作品库、个人比对库等，时间范围从1900年1月1日至检测当日，跨越了一个多世纪。同学们，当你知道这个系统检测范围如此之广、检测时间跨度如此之大之后，你还想去抄吗？还敢去抄吗？你抄的东西绕得过这些资源吗？当然你可以说，系统不是以中文和英文为主吗，我去抄阿拉伯语的资料；系统不是只追溯到1900年吗，那我去抄1900年之前的很冷僻的古籍！听上去似乎有道理！但如果你抄到这个份儿上了，我都打心底里佩服你的钻研精神了，有这样的钻研精神大可以好好去写论文了，又何必要去抄呢？

事实上，不仅仅是中国知网大学生论文检测系统，其他论文检测平台如万方论文相似性检测系统和维普论文检测系统也同样有着海量的信息比对资源，有着先进的比对技术。所以，无论你的学校采用的是哪个检测平台，都足以检测出毕业论文的相关问题，你唯一能做的就是好好写论文，别打歪主意。

二、论文检测结果

仍以中国知网为例。中国知网大学生论文检测系统的检测结果很详细，各种形式的复制比、重复字数、判定指标和具体情况都显示得清清楚楚。下面我们以一篇小文章《人工智能对艺术创作的影响》的检测结果为例，具体了解毕业论文的重复率检测是怎么一回事。

当然，这篇小文章的作者是一个虚拟的角色——宇宙大学地球学院人类系文抄抄，文中的三段文字仅为教学展示需要而拼凑，不是论文写作行为，也不涉及学术不端。

以下是全文对照报告单：

第七章 学术规范

检测结果

去除本人已发表文献复制比：30.1%　　　跨语言检测结果：0%
去除引用文献复制比：14.9%　　　总文字复制比：30.1%
单篇最大文字复制比：20.1%（人工智能取代艺术家？——从本体论视角看人工智能艺术创作）

重复字数：[300]		总字数：[998]		单篇最大重复字数：[201]	
总段落数：[1]		前部重合字数：[169]		疑似段落最大重合字数：[300]	
疑似段落数：[1]		后部重合字数：[131]		疑似段落最小重合字数：[300]	

指标：□疑似剽窃观点　☑疑似剽窃文字表述　□疑似自我剽窃　□疑似整体剽窃　□过度引用

表格：0　　公式：没有公式　　疑似文字的图片：0　　脚注与尾注：0

（注释：■无问题部分　■文字复制部分　■引用部分）

1. 人工智能对艺术创作的影响　　　　　总字数：998

相似文献列表

去除本人已发表文献复制比：30.1%(300)　　文字复制比：30.1%(300)　　疑似剽窃观点：(0)

1	人工智能取代艺术家？——从本体论视角看人工智能艺术创作 刘润坤；-《民族艺术研究》- 2017-05-12 1	20.1%（201） 是否引证：否
2	人工智能创造艺术作品所有权归谁？ 华盛顿大学计算机科学委任教授 Aaron Hertzmann -《人民邮电》- 2019-06-19	9.7%（97） 是否引证：否

	原文内容	相似内容来源
1	此处有 201 字相似 **人工智能对艺术创作的影响** 宇宙大学地球学院人类系文抄抄 人工智能艺术创作让人类难免产生这样的疑问：在艺术创作领域人类也要被人工智能所取代吗？在未来，机器人会取代艺术家，成为艺术创作的主体吗？这样的问题，似乎比数字技术在传播和消费领域所造成的变革更具讨论意义，"因为它让人们不得不重新审视，艺术究竟是	人工智能取代艺术家？——从本体论视角看人工智能艺术创作　刘润坤；-《民族艺术研究》- 2017-05-12 1（是否引证：否） 1.势所趋。随着这一波浪潮而来的还有审美与艺术机制的变革,人工智能创作影视作品、音乐作品、美术作品的新闻(1)层出不穷。人工智能艺术创作让人类难免产生这样的疑问:在艺术创作领域人类也要被人工智能所取代吗?在未来,机器人会取代艺术家,成为艺术创作的主体吗?这样的问题,似乎比数字技术在传播和消费领域所造成的变革更具讨论意义,"因为它让人们不得不重新审视,艺
	什么，它之于人类的意义如何，进而重新思考人类究竟是什么的问题。"高更在塔希提岛上的发问"一百多年后的今天，借着人工智能给人类带来的巨大恐慌，值得被重新思考。 人工智能对艺术领域的"侵犯"，少女诗人小冰是一个典型的例子。小冰是微软开发的人工智能机器人。她通过对1920年后519位	术究竟是什么,它之于人类的意义如何,进而重新思考人类究竟是什么的问题。高更在塔希提岛上的发问"我们从何处来?我们是谁?我们向何处去?"在一百多年后的今天,借着人工智能给人类带来的巨大恐慌,值得被重新思考。基于 。它之于人类的意义如何,进而重新思考人类究竟是什么的问题。高更在塔希提岛上的发问"我们从何处来?我们是谁?我们向何处去?"在一百多年后的今天,借着人工智能给人类带来的巨大恐慌,值得被重新思考。基于上述问题,本文尝试从一种本体论的视角,从艺术及其与人类的关系入手,对人工智能是否会取代艺术家这个问题展开论述。
2	此处有 99 字相似 品的作者是人类。此外，在各国国内法中，作者也均为人类。很显然，小冰不是人类，那么她创作的诗歌应归属于谁呢？有学者认为：" 现有的法律和公约已经解决了有关合作创作或再合成图片相关的争议。但是，神经网络作品则似乎完全是另一种情况。神经网络模型以及网站其他用户的贡献密不可分。没有任何一方可以宣称自己是'创作者'。" [1]如此看来，小冰写的诗有她作为机器人的贡献，更多的功劳应该属于它学习过的那519位现代诗人。可是，究竟该署谁的名字	人工智能创造艺术作品所有权归谁？　华盛顿大学计算机科学委任教授 Aaron Hertzmann -《人民邮电》- 2019-06-19（是否引证：否） 1.在Ganbreeder上选择图像时，这些图像还是匿名的，直到2月份网站才添加了用户登录入口以及图片"请系图"。$$现有的法律和公约已经解决了有关合作创作或再合成图片相关的争议。$$但是，神经网络作品则似乎完全是另一种情况。神经网络模型以及网站其他用户的贡献和最终成果密不可分。没有任何一方可以宣称自己是"创作者。"$$看待这些新型艺术作品的一种可行方式是将其视为开源软件。如果没有软件、数据的开放共享，我们就无法创造新型神经

指　标

疑似剽窃文字表述

1. 人工智能艺术创作让人类产生这样的疑问：在艺术创作领域人类也要被人工智能所取代吗？在未来，机器人会取代艺术家，成为艺术创作的主体吗？这样的问题，似乎比数字技术在传播和消费领域所造成的变革更具讨论意义，
2. 高更在塔希提岛上的发问一百多年后的今天，借着人工智能给人类带来的巨大恐慌，值得被重新思考。

说明：1.总文字复制比：被检测论文总重合字数在总字数中所占的比例
　　　2.去除引用文献复制比：去除系统识别为引用的文献后，计算出来的重合字数在总字数中所占的比例
　　　3.去除本人已发表文献复制比：去除作者本人已发表文献后，计算出来的重合字数在总字数中所占的比例
　　　4.单篇最大文字复制比：被检测文献与所有相似文献比对后，重合字数占总字数的比例最大的那一篇文献的文字复制比
　　　5.指标是由系统根据《学术论文不端行为的界定标准》自动生成的
　　　6.红色文字表示文字复制部分；绿色文字表示引用部分；棕灰色文字表示作者本人已发表文献部分
　　　7.本报告单仅对您所选择比对资源范围内检测结果负责

当我们把文章通过检测入口提交给检测系统完成检测之后，就可以查看和下载不同版本的文本复制检测报告单了。我们来看看检测结果。这篇文章总字数为998，重复字数为300，总文字复制比为30.1%，去除引用文献复制比为14.9%。也就是说，这篇998字的文章有30.1%是抄别人的，除去注明了出处的规范引用，还有14.9%是抄袭或者引用不规范的。下面又有相似文献列表，列出了该文复制过的两篇文章的信息，篇名、作者、发表期刊都一清二楚。这个是全文对照的报告单，所以还可以清楚看到原文内容和相似内容的详细对照。报告单最后的指标结论是"疑似剽窃文字表述"，并具体列出了疑似剽窃的两段文字。

以下是另一种，全文标明引文报告单：

检测结果			
去除本人已发表文献复制比：	30.1%	跨语言检测结果：0%	
去除引用文献复制比：14.9%		总文字复制比：30.1%	
单篇最大文字复制比：20.1%（人工智能取代艺术家?——从本体论视角看人工智能艺术创作）			
重复字数：	[300]	总字数：	[998]	单篇最大重复字数：	[201]
总段落数：	[1]	前部重合字数：	[169]	疑似段落最大重合字数：	[300]
疑似段落数：	[1]	后部重合字数：	[131]	疑似段落最小重合字数：	[300]
指标：	□疑似剽窃观点 ✓疑似剽窃文字表述 □疑似自我剽窃 □疑似整体剽窃 □过度引用		
表格：0	公式：没有公式	疑似文字的图片：0	脚注与尾注：0

（注释： ■无问题部分 ■文字复制部分 ■引用部分）

1. 人工智能对艺术创作的影响 总字数：998

相似文献列表

去除本人已发表文献复制比：30.1%(300)　文字复制比：30.1%(300)　疑似剽窃观点：(0)

1	人工智能取代艺术家?——从本体论视角看人工智能艺术创作	20.1%（201）
	刘润坤;-《民族艺术研究》- 2017-05-12 1	是否引证：否
2	人工智能创造艺术作品所有权归谁?	9.7%（97）
	华盛顿大学计算机科学委任教授 Aaron Hertzmann -《人民邮电》- 2019-06-19	是否引证：否

原文内容

人工智能对艺术创作的影响

宇宙大学地球学院人类系文抄抄

人工智能艺术创作让人类难免产生这样的疑问：在艺术创作领域人类也要被人工智能所取代吗？在未来，机器人会取代艺术家，成为艺术创作的主体吗？这样的问题，似乎比数字技术在传播和消费领域所造成的变革更具讨论意义，**因为它让人们不得不重新审视，艺术究竟是什么，它之于人类的意义如何，进而重新思考人类究竟是什么的问题。**"高更在塔希提岛上的发问在一百多年后的今天，借着人工智能给人类带来的巨大恐慌，值得重新思考。

人工智能对艺术领域的"侵犯"，少女诗人小冰是一个典型的例子。小冰是微软开发的人工智能机器人。她通过对1920年后519位现代诗人上千首诗进行长达100个小时、10000次迭代学习，学会了写诗。小冰已经创作了诗歌七万多首，有诗集《阳光失了玻璃窗》，收入精心挑选的诗歌139首。随着人工智能艺术"创作"的日益频繁，产生了作品署名权的问题。现有国际著作权制度保护的是人类的智力成果，作品的作者是人类。此外，在各国国内法中，作者也均为人类。很显然，小冰不是人类,那么她创作的诗歌到底属于谁呢?有学者认为:"现有的法律及公约已经解决了有关合作制作或再合成图片相关的争议。但是,神经网络作品则似乎完全是另一种情况。神经网络模型以及网站其他用户的贡献都与最终成果密不可分。没有任何一方可以宣称自己是'创作者'。"[1]如此看来,小冰写的诗有她作为机器人的贡献,更多的功劳应该属于它学习过的那519位现代诗人。可是,究竟该署谁的名字呢?

人工智能对艺术本身的影响也是直接而持久的。就诗歌创作而言,一般都是将其看作诗人内心情感的表达以及对外在世界的个体反应,而且具有语言和形式的美感,但是人工智能却打破了这些艺术"约定"。比如小冰的诗,从局部看,有些句子很有意思,甚至不乏诗的味道,但从整体来看,缺乏思维的连贯性,也看不出结构的有意安排,更不用说现实关怀、审美理想、人文精神等价值追求。总体上说,小冰的诗还是一种文字组合的智能游戏,不能说是艺术创造。但是我们绝对不要小看人工智能对诗歌产生的可能性影响:可能造成诗歌写作的机器化泛滥,人工诗歌写作受到冲击,人们的审美理想幻灭;随着人工智能的进一步发展,机器人的诗歌写作可能会更加成熟;要知道诗歌是文学中个性化最强、对语言要求最高的艺术门类,艺术审美是人工智能试图攻克的最后一个领域,诗歌最终能否捍卫自己?

参考文献
[1] Aaron Hertzmann.人工智能创造艺术作品所有权归谁?[N].人民邮电,2019-06-19(3).

指　　标
疑似剽窃文字表述
1. 人工智能艺术创作让人类难免产生这样的疑问:在艺术创作领域人类也要被人工智能所取代吗?在未来,机器人会取代艺术家,成为艺术创作的主体吗?这样的问题,似乎比数字技术在传播和消费领域所造成的变革更具讨论意义,
2. 高更在塔希提岛上的发问在一百多年后的今天,借着人工智能给人类带来的巨大恐慌,值得被重新思考。

全文标明引文的报告单会用绿色文字标明引文部分,红色文字标明涉嫌剽窃的部分,一目了然。我们可以看到,加了引号,也在参考文献里注明了出处,是规范的引用,在报告单中是绿色文字;既没有加引号,又没有注明出处,实际上已经构成了剽窃的,是红色文字;虽然加了引号,但是没有注明出处,这也是一种学术不规范的行为,这个检测系统把它判为引用,还是比较仁慈的,如果大家在论文检测报告单中看到这种情况要立刻加上引文出处,不然别人说你学术不端也是基本成立的。

看完这些报告单,你是否感觉大学生论文检测系统很像一台CT机,把论文的每一个地方都看得清清楚楚?

三、论文检测结果分析评判

我们知道,恰当引用对写好一篇文章是必要的,过度引用却是一种变相的学术不端。比如上面这个例子中的文章,998字中有300字是复制别人的,总文字复制比高达30.1%,原创性也就没有多少了。如果复制比是50%、60%,基本就可以判定为抄袭了——拼凑式抄袭。所以,复制比绝对不是越高越好。那是不是复制比越低就越好呢?复制比1%

的论文就一定比复制比8%的论文要好吗？也不一定！复制比8%的论文只要没有抄袭，引用规范，是完全没有问题的，而且极有可能比复制比1%的论文学术视野更宽广，对前人研究成果的了解更全面。所以说，我们不能仅仅依据复制比的高低来评判一篇论文的好坏。论文检测只是一个辅助手段，复制比也只是一个参考指标，论文是否有创新性和价值，细节部分的学术不端是否成立，最终还得由人来判定。

毕业论文检测系统上线之后，有的学生很害怕。实际上，只要你的论文合理引用且每一个引用都标明了出处，剩下的每一个字都是你自己写的，根本不必害怕这个检测系统！不是自己的观点或文字表述，标注了出处就是引用，没有标注出处就涉嫌抄袭，只要你的引用有规范的标注，复制比在一个合理的范围内，就没有问题。当然，复制比的上限到底是多少，没有统一标准。有的学校规定是30%，有的规定是20%，有的老师要求学生控制在15%以内。其实，除了看这个复制比的指标，更重要的是看检测报告中每一个标红的地方的具体引用情况。

我们也注意到，对论文检测持怀疑甚至反对态度的也大有人在。他们认为，这个系统逼得学生刻意躲避引用文献和文字表述，不利于写出真正优秀的毕业论文。这也有一定道理，但是我们看问题得看主要方面。无法否认，学术不端检测系统在减少学生抄袭等学术不端行为方面起到了巨大的作用，在指导教师对论文把关的环节充当了不可替代的角色，长期来看，它在端正学风、纠正文风、提高本科生培养质量等方面是功不可没的！现在有一些人写论文时东拼西凑，写完之后自己去花钱查重，然后挖空心思把标红的文字改写成"安全"的"原创"文字。与其花这么多精力去"降重"，还不如一开始就原创写作、规范引用。更不应该仇视和抵制论文检测系统，而应该借助这些系统，把自己的毕业论文写得更规范、更有原创性。

第二节　学术失范与学术规范重建

近年来，学术不端、学术腐败事件的报道越来越多。主角上自两院院士，中至各级官员，下至普通学生，应有尽有，还时不时有明星出来"串个场"，很是"热闹"！在广大科研工作者不辞辛劳、默默奉献的同时，少数人却在玷污着学术这方净土，使学术失去应有的规范。

一、学术失范的原因

首先，在商品经济高度发达的社会大环境下，抵挡不住诱惑的人会学术失范。社会是人生活的空间，社会风气是人呼吸的空气，在整个社会都讲究商品化、市场化的时候，一切都与金钱产生关联，科研和学术也不例外。劳有所获本来也没什么，但是有的人太浮躁，追名逐利不择手段，突破了底线，最终造成学术失范。

其次，有些人喜欢跨界"通吃"，获得了权力后还想在学术上分一杯羹，最后很容易造成学术失范。从曝光的一些学术不端行为来看，少数高校领导、官员想获得博士、硕士学位，又没有时间去认真上课、学习，只得找人代学，混个文凭。这些对学术没有敬畏之心，没有真正的研究兴趣的人混进学术圈，要维持自己的学术产出，必然做出这样那样的突破学术底线的行为，从而造成学术失范。

再次，论文写作者学术规范意识不强、规范化素养不高，也会造成学术失范。其实有的人主观上并不打算学术不端，但是并不知道什么是学术规范，不知道从哪些方面去规范；有人想把论文写规范，但是能力素养不够，一不小心就踩了雷区。这些人的学术失范是被动的，虽然并无主观恶意，但结果是一样的。所以，需要进行学术规范方面的教育培训，提高论文写作者的学术规范素养，避免学术失范的被动发生。

最后，信息技术飞速发展，检索和复制变得如此简单，客观上也为学术失范创造了条件。信息化时代的论文写作和之前大不相同。进入资源库，一键搜索，文章资料一下子全出来了；下载，复制，粘贴……对于抄袭文章的人来说，两个小时就可以"写"出一万字的文章，这在客观上为论文抄袭提供了方便。

二、学术不端的表现

学术不端并不是不可量化的，有些学术不端行为同行很容易看出来，有些则隐藏得比较深，需要借助技术手段才能发现。

同方知网数字出版技术股份有限公司、中国科学院科技战略咨询研究院共同起草了学术出版规范系列标准，其中标准号为 CY/T 174—2019 的标准是《学术出版规范 期刊学术不端行为界定》，作为中华人民共和国新闻出版行业标准之一，于2019年5月29日发布，2019年7月1日正式实施。

毕业论文虽然没有正式出版或发表，但也必须遵守这个规范。根据这个规范，在毕业论文写作中可能出现的学术不端行为主要有以下方面。

1. 剽窃

所谓剽窃，即采用不当手段，窃取他人的观点、数据、图像、研究方法、文字表述等并以自己名义发表的行为。当然，毕业论文并不需要发表，所以定稿提交后发现有剽窃行为就属于学术不端。

剽窃分以下几种情况。

第一种是观点剽窃，即对他人已发表文献中的论点、观点、结论等不加引注地直接使用，或进行删减、增加、拆分重组后不加引注地使用，等等。

第二种是文字表述剽窃，即不加引注地使用他人已发表文献中具有完整语义的文字表述，并以自己的名义发表。包括：不加引注地直接使用他人已发表文献中的文字表述；成段使用虽进行了引注，但对所使用文字不加引号，或不改变字体，或不使用特定的排列方式显示；多处使用只引注一处或几处；增加、删减一些词句后不加引注地使用；不加引注、不改变其本意地转述他人已发表文献中的文字表述；等等。

第三种是整体剽窃，即论文的主体或论文某一部分的主体过度引用或大量引用他人已发表文献的内容。包括：直接使用他人已发表文献的全部或大部分内容；将多篇他人已发表文献拼接成一篇；在他人已发表文献的基础上增加部分内容或进行缩减后使用；改变他人已发表文献的结构、段落顺序后使用；等等。

此外，还有数据剽窃、图片和音视频剽窃、研究（实验）方法剽窃、他人未发表成果剽窃等。

2．伪造

所谓伪造，即编造或虚构数据、事实的行为。包括：编造调查或实验数据、图片等；编造能为论文提供支撑的资料、注释、参考文献；等等。

3．篡改

所谓篡改，即故意修改数据和事实使其失去真实性的行为。包括：擅自修改原始调查记录、实验数据等，使其本意发生改变；改变所引用文献的本意，使其对己有利；等等。

4．其他学术不端行为

按照《学术出版规范 期刊学术不端行为界定》，其他学术不端行为包括：在参考文献中加入实际未参考过的文献；将转引自其他文献的引文标注为直引，包括将引自译著的引文标注为引自原著；未经许可，使用需要获得许可的版权文献；经许可使用他人版权文献，却不加引注，或引用文献信息不完整；委托第三方机构或者与论文内容无关的他人代写、代投、代修；等等。

当前，学术不端行为有愈演愈烈之势，相对应地，对学术不端行为的惩处和打击也越来越严格。各个高校和科研院所都设立了学术道德委员会，负责在学术上评判和处理学术不端问题。我们相信，学术不端的人只是少数，学术不端行为一定会得到遏制甚至被消灭。

三、学术规范重建

学术研究需要自由，需要创新，更需要规范。当前，学术研究中的失范行为必须得到有效遏制，学术研究需要重建规范。对于毕业论文写作者而言，必须以毕业论文写作为实践契机，提高学术素养，了解学术规程，坚持学术规范，从自身做起，为学术规范的重建贡献自己的力量。

当然，学术规范的坚持和重建是一项复杂的工程，我们可以从三个方面努力。

1. 道德是基础

加强道德自律，恪守学术道德，是从事学术研究和论文写作的基本要求。论文写作要保证原创不抄袭，实事求是不造假；同时不断增强科研水平，提高学术素养。

要利用好道德的力量，让学术不端的人知道抄袭是可耻的，偷别人的文章跟偷别人的钱财一样，都是小偷。要在舆论上鄙视他们，甚至利用网络进行曝光，让那些缺乏诚信，没有达到学术基本要求的人在圈子里没法混下去。还要让他们受到应有的惩罚，比如评奖、评先进、评职称，学生的评优、评奖学金、入党、毕业等，学术不端者都要"靠边站一站"。由此唤醒他们内心的良知和羞耻感，促使他们自责，帮助他们改正错误，"重新做人"。

2. 法治是最终保障

道德是基础，但是学术道德不能完全解决学术不端问题，所以，法治才是最终保障。在加强学术道德建设的同时，还要加强法治建设，加强对知识产权的保护力度和对学术不端行为的处罚力度。

当前，我国保护知识产权的法律法规有《中华人民共和国著作权法》《中华人民共和国著作权法实施条例》《中华人民共和国专利法》《中华人民共和国商标法》等，它们共同构成对知识产权保护较为完整的法律法规体系。在法治社会，抄别人的文章、仿造别人的专利的行为不仅是可耻的，更是一种违法行为，构成侵犯知识产权罪，如果受害者追究，是要负法律责任的。

3. 技术是有效辅助

前面说过，信息技术的发展使得研究资料的获得更加便利，也使得抄袭更加方便。不过，魔高一尺，道高一丈，我们可以利用科技手段防范和抑制学术不端，让论文抄袭者现出原形。现在每个刊物都会对拟发表的论文进行查重检测，各大高校也对学生的学位论文、毕业论文开展重复率检测工作，这都是利用技术手段支持学术规范重建的典型例子。

总之，学术规范是学术研究者必须遵守的，处于学术入门阶段的本科生也不例外。我们希望三管齐下，在道德上养成羞耻感，在法律上形成威慑力，在技术上产生有效的力量，在多方面的合力之下，共同维护学术规范，重建学术秩序。

四、毕业论文与学术规范

如前所述，本科毕业论文是对本科学生的一次最全面、最正规的学术训练和学术检验。本科毕业论文虽然不必发表，但它会被学校保存，它是学生获得本科毕业证和学士学位资格的保证，所以，本科毕业论文要做到学术规范，不能剽窃别人的观点、文字和数据，不能伪造事实和数据，不能窜改实验数据和调查原始记录，不能请人代写或花钱买论文，不能有其他学术不端行为。论文还要规范引用，合理使用参考文献，复制比检测要达到学校的要求。

说教完毕，给大家讲一个故事。2017年热播的电视剧《急诊科医生》中，青年医生海洋一心想成为外科手术专家，普外科吴主任也很看好他，想把他从急诊科调到身边好好调教，后来却发现海洋的毕业论文是抄袭的，原作者就是吴主任自己。一次，两个人同时上手术之前，吴主任对海洋说，调到普外科的事先缓一缓，要先看看他的毕业论文。海洋知道马上要东窗事发了，但没有勇气当面承认。在手术室，吴主任终因劳累过度猝死，海洋因此后悔不已，颓废万分。吴主任本来带走了这个秘密，但是海洋内心备受折磨，无比痛苦。他最后选择把实情向何主任坦白，表示愿意承担一切后果，接受组织处理。何主任选择原谅了他，让他重新回到急诊科工作。听到这里你是不是还感觉有些温暖？但我告诉你，后来，海洋给病人做阑尾炎手术的时候，竟然把一块纱布留在病人肚子里没拿出来！多么低级的错误！所以你看，编剧跟我们想的一样：一个论文抄袭失去诚信的人，要想改掉本性上的毛病有所作为，哪有那么容易啊！

这只是电视剧里的故事，但现实中这样的故事也很多：因为论文抄袭等学术不端行为而丢掉官职的、被开除学籍的、被追回学位的、从神坛跌落的，不一而足。同学们千万要引以为鉴。

如何才能避免这样的事情发生呢？只有一个办法，那就是遵守学术规范，老老实实写论文！

【练习与思考】

一、选择

1.如果一篇8888字的论文在中国知网大学生论文检测系统进行检测，重复字数为1111，引用文献字数为777，则这篇论文的去除引用文献复制比为（　　）。

A. 12.5%　　　　　　　　B. 21.2%

C. 3.8%　　　　　　　　D. 8.7%

2.如果一篇8888字的论文在中国知网大学生论文检测系统进行检测，重复字数为1111，引用文献字数为777，则这篇论文的总文字复制比为（　　）。

A. 12.5%　　　　　　　　B. 21.2%

C. 3.8%　　　　　　　　D. 8.7%

3.以下不属于学术不端行为的是（　　）。

A. 文字剽窃　　　　　　　B. 合作发表

C. 篡改内容　　　　　　　D. 伪造数据

4.中国知网大学生论文检测系统收录的资源有（　　）。（多选）

A. 优先出版文献库　　　　B. 百度贴吧

C. 未刊书信　　　　　　　D. 互联网文档资源

二、判断

1.著作、专利、商标等都属于知识产权。（　　）

2.文字复制比12%的论文要比文字复制比2%的论文好。（　　）

3.论文写作使用他人或自己已发表的文字，标明文献来源的是引用，没有标明文献来源的就涉嫌抄袭。（　　）

4.论文抄袭不仅是不道德的行为，而且是违法行为。（　　）

三、简答

1.学术不端行为包括哪些？

2. 你认为当前存在学术失范的问题吗？如果存在，应该如何进行学术规范重建？

四、思考

我们应该如何对毕业论文的重复率检测数据进行分析和评判？

第八章
毕业论文答辩

第八章 毕业论文答辩

第一节 答辩的那些事儿

一、何为答辩

毕业论文答辩是论文写作者在答辩会上介绍论文写作的具体情况,回答答辩委员会委员所提出的论文相关问题并获得现场评判的一种教学活动。它是论文写作的必要环节,是论文审查的补充形式。

二、答辩的目的与意义

1. 论文答辩是论文写作必要甚至必需的环节

一般而言,在我国高校申请学位的研究生(包括硕士生和博士生)全部要进行论文答辩。在以前,很多毕业生数量很大的高校,并不要求本科生全部参加论文答辩,而是采取抽查答辩的方式。近年来,随着学术规范建设的进一步加强,基本上所有的高校都要求本科生参加毕业论文答辩。这样一来,毕业论文答辩就成了毕业论文写作过程中非常关键的步骤了。

2. 论文答辩是对论文原创性的检测

答辩的最初目的,是看看论文是不是学生自己写的。答辩的时候答辩小组的老师一般都会问学生几个与论文内容相关的问题,顺便看看其对本专业的基本知识的把握状况。如果你对自己写的论文一问三不知,一些入门级别的专业知识你都不懂,陈述和回答问题的时候出现很多硬伤，那基本可以断定你的论文不是自己写的了。通过答辩的表现追溯到论文文本，就可以对毕业论文的原创性进行断定了。

在信息技术发达的今天，论文检测已成为判断毕业论文原创性最重要的手段，但对于那些善于躲避系统检测的"聪明人"而言，答辩检测仍不失为一个原始的有效方法。

3. 论文答辩是对学生沟通交流能力、反应能力、口头表达能力、礼仪仪表等的综合考查

从走上台自我陈述开始，到答辩结束走下台为止，你的一切都在考查范围之内。穿着仪表是否得体，是否表现出了良好的礼貌修养，在听取和回答问题的时候与答辩委员会老师的沟通交流是否顺畅、有效，当老师提的问题一时回答不上来等突发情况发生时，你的反应能力如何，都是考查的内容。

试想一位大四的学生，论文答辩的时候穿着不得体，表达不得要领，反应迟钝木讷，与人交流也缺乏礼貌，其水平可想而知了。只有那些在综合素质方面都过关了的学生，才是真正合格的本科毕业生。

4. 论文答辩是对论文写作者专业水平、思维能力的考查，是评估毕业论文质量的重要措施

论文答辩一方面是为了了解学生论文的基本思路、方向、观点和价值，另一方面也是为了让学生更好地陈述对自己论文的理解，老师据此做出更合适的评判。在回答问题甚至"辩"的过程中，很容易看出论文写作者在专业问题上的理解力和钻研的深广度，以及思维的活跃度、条理性和逻辑性。应该说，论文写好了不一定答辩得好，论文没写好答辩也一定好不到哪里去。所以，论文文稿写作和论文答辩是相互关联的，答辩表现与论文本身共同影响着答辩老师对学生毕业论文质量的评价。论文答辩之后会产生一个答辩成绩，这个成绩会以一定的权重计入论文总评成绩，成为评估毕业论文质量的依据。

5. 论文答辩可以促进论文进一步完善

原则上来说，定稿后参加答辩的论文不能再有太大幅度的修改，因为需要大幅度修改的论文理论上是不应该通过评审进入答辩环节的。试想，毕业论文评审老师的意见是根据现有论文的状况做出的，如果答辩的学生把评审老师指出的问题都改没了，那岂不是变成老师的评审意见有问题了吗？

虽说如此，但定稿之后的毕业论文并不是不能修改。在评审和答辩过程中，如果发现毕业论文有诸如格式、错别字、标点符号等细节问题是可以修改的。如遇较大问题需要修改，须经指导老师同意。当然，我们要在前期花大精力写论文、改论文，而不要前期不管不顾，定稿之后这里也有问题那里也有问题，恨不得推倒重来，这样的话时间也不允许，指导老师也不会同意。

况且，答辩通过并不是毕业论文的唯一目的。如果你毕业之后想在现有论文的基础之上进行进一步研究，或者想拿去发表，就需要对毕业论文进行修改完善。这个时候，评审老师和答辩老师的意见和建议就显得非常重要了。

所以，论文答辩的最终目的还是要让论文的问题暴露出来，让论文在今后的不断修改完善中变得更有价值。

三、关于论文答辩小组

毕业论文答辩的时候，要成立答辩小组。

答辩小组一般由3—5名讲师以上职称的相关专业老师组成。为了保证答辩的学术性和专业性，助教一般不担任答辩小组成员，与毕业论文所属专业不同的老师也不能作为该专业的答辩小组成员。另外，为了保证答辩的公平性，硕士论文的直接指导老师可以参加自己指导的学生的论文答辩，但一般不提问，在答辩过程中不能为自己的学生辩护，更不能帮助学生回答问题。当然，由于学生数量大，师资有限，本科毕业论文的答辩没有这么严格，指导老师是可以参加自己指导的学生的论文答辩，并可以提出问题的。

在论文答辩的过程中，答辩小组组长负责主持和组织答辩，组长和答辩小组成员对答辩学生提出问题，并负责对答辩学生的自我陈述、问题回答和总体表现进行综合评定。

四、论文答辩的形式

毕业论文的答辩形式，有单独答辩和集体答辩之分，有现场答辩和远程答辩之别。

单独答辩时间充足，可以对答辩者进行详细考查，对论文进行充分探讨，但是对于毕业人数众多的本科院校来说，没有那么多时间和精力。除非是个别学生有非常特殊的情况需要单独答辩，否则都不会采用这种答辩形式，因为单独答辩耗费的资源太多，不具有大批量操作的可行性。

所以，学校一般采用的是集体答辩的方式。同一教研室的几位老师组成答辩小组，把各自指导的学生合在一起进行集体答辩。集体答辩既相互了解，又节约了成本，还提高了效率，尤其符合本科生答辩人数多、老师数量有限且不宜外请的情况，所以是目前通行的答辩方式。

远程答辩很方便，可以解决路途遥远和无法到达现场等特殊情况之下的论文答辩问题，但校方对整个答辩过程的监控较为困难，隐藏着诸多不确定甚至不可控因素，一定程度上降低了答辩工作的仪式感和严肃性，所以，除非非常特殊的情况，否则学校不会采用远程答辩的方式。

现场答辩的优势在于师生双方面对面，交流起来直接方便，诚信问题可以得到保证。它几乎是所有高校采用的主流答辩形式。在现场集体答辩的形式下，参加答辩的同学要在指定的时间，来到指定的地点，按照指定的程序，完成指定的任务。所以，那些动不动就说家里有事，或者买不到车票而给指导老师请假，想要微信、QQ远程答辩，或者想等到校之后再安排单独答辩的同学，你们的这些想法都是不切合实际的，及早做好准备，去现场参加集体答辩吧。

五、论文答辩的过程

毕业论文现场集体答辩要求一定数量的学生在一个连贯的时间段内集中完成答辩，时间紧凑，程序烦琐，任务颇重。总的来说，毕业论文答辩过程分为介绍、陈述、问答、评议、总结等步骤。

1. 自我介绍

参加答辩的学生上台后，首先应该做自我介绍，让答辩老师和旁听的同学初步认识自己。自我介绍不要太过烦琐，也不要说太多客套话，只需要简单介绍自己的专业、班级、姓名及论文题目即可。

2. 答辩陈述

答辩陈述是答辩者对自己论文的选题依据、研究价值、主要内容、创新之处与不足之处等进行简要陈述。需要注意的是，讲创新之处的时候不要过满，切勿动不动就"填补了空白"；讲不足之处的时候不要过空，谦虚是可以的，但在论文整体上和关键之处不要自我否定，否则你的论文整个就站不住了，你的指导老师也该坐不住了，你的答辩也就失败了。

答辩陈述是回答问题之前最重要的部分，答辩老师可以通过答辩者的陈述对其文其人形成一个总体的印象。当然，陈述也要尽量简洁，把重点放在研究内容和研究价值上，时间一般控制在5分钟左右为宜。

以下是自我介绍和答辩陈述的基本模板，可供参考：

尊敬的各位答辩老师：

大家晚上（上午、下午）好！

感谢您在百忙之中参加我的毕业论文答辩（可省略）。我是来自2018级汉语言文学1班的×××，我的毕业论文题目是《××××××××××》。

之所以选择×××作为研究对象，并以×××为研究视角，主要有以下几个方面的考虑……（此处旨在阐明选题依据，此部分也可直接以"论文的选题依据是……"开头。）

正是基于以上几方面的考虑，我才开始以×××为研究方法对×××展开研究，试图通过×××，达到×××目的，实现×××价值……（此处旨在阐明研究价值，此部分也可直接以"论文的研究价值为……"开头。）

论文主要对×××展开研究，全文共分×个部分，第一部分……第二部分……第三部分……（此处旨在阐明主要内容，此部分也可直接以"论文的主要内容包括……"开头。）

关于×××的研究，目前主要集中在……本论文正是在前人研究的基础上……力图走出研究局限，力求在……有一些新的创见。（此处旨在阐明论文的创新之处，此部分也可直接以"论文的创新之处在于……"开头。）

我知道，学术的道路是艰深漫长的，我的论文也存在一些不足，如……这些问题我会在答辩后综合各位老师的意见进行整体思考和修改。（此处旨在阐明研究的不足之处，此部分也可直接以"论文的不足之处在于……"开头。）

谢谢各位老师。希望得到老师们的批评指正。

3. 提问与答辩

在这一环节，答辩小组成员就答辩者的陈述和论文本身进行有针对性的提问，再由答辩者当面或经短时间思考后对问题进行回答。

在论文答辩实践中，提问之后立马要求回答的学校较少，一般都是学生陈述完之后老师提问,然后下一位同学上台陈述,陈述完之后上一位同学上台回答问题。也有的分成小组,小组内最后一位同学陈述完之后,从第一位陈述的同学开始依次上台回答问题。这样的安排就错开了时间,相当于给每一位同学都留下一定的思考时间,让其整理一下思路,记录下回答的要点,甚至翻阅一下资料。

提问与答辩是论文答辩的核心环节,是答辩学生展示综合素养和专业水平的绝佳机会,是答辩老师根据学生表现评定其答辩成绩的主要依据。

这一环节也是学生最紧张、老师最期待的部分,应该是老师有"问",学生有"答",师生有"辩",或精彩或平淡或尴尬都将在这一环节尽情展现。

4. 评议

学生退场,答辩小组就答辩者的答辩情况进行评议。为求简便,也可以不让学生退场,答辩老师简单交流之后,无异议则可按各自的评定成绩给分。

5. 宣布结果

学生返场(未退场的无须返场),答辩小组组长根据答辩小组的评议,当场宣布答辩是否通过。注意,这种结果的宣布是定性的,即只宣布答辩通过与否,而不宣布具体的答辩成绩。

6. 进行总结

总结一般先由答辩小组组长对参加答辩同学的论文选题、写作情况、答辩表现等进行综合点评,要点面结合,指出优缺点,提出希望和要求。其他答辩老师也可以对相关情况进行补充。

7. 合影留念

答辩结束后,师生可以合影留念,留下大学生涯中重要时刻的美好影像。

当然,这是一个可选环节,也可以在老师总结完之后即离场结束答辩。

六、论文答辩记录表的填写

答辩过程要有完整的文字记录,这就是答辩记录表。

答辩记录表需要学生填写的内容包括表头部分和主体部分。表头部分按要求填写即可。主体部分首先简短介绍答辩会的基本情况,包括答辩会的具体时间、具体地点、答辩人、答辩小组组长及成员、答辩简要过程等。接下来还要详细记录答辩的具体过程,包括答辩人是如何陈述的,答辩小组对答辩人提了什么问题,答辩人对每一个问题是如何回答的,等等。最后是记录人签名,因为你自己不可能一边答辩一边记录,所以答辩记录表的记录人不可以自己签名,可以找参加或旁听答辩的其他人记录、签名。

以下是答辩记录表主体部分的基本模板,可供参考:

×××同学的毕业论文答辩会于×年×月×日×时在××(地点)举行。答辩小组由×××、×××和×××组成,×××任组长。答辩分为自我陈述和回答问题两部分。

一、自我陈述

××

二、回答问题

问题一:××××××××××××

回　答:××××××××××××××××

×××××××××××××××××××××××××××
×××××

问题二：××××××××××××××

回　答：××××××××××××××××××

×××××××××××××××××××××××××××
×××××

记录人：×××

需要注意以下两点：

答辩记录表是答辩小组和答辩委员会签署意见的书面依据，所以必须认真填写，做到真实、准确、完整。

答辩记录原则上应该在答辩现场完成。如果记录人在论文答辩当时对答辩人的问题回答未能做完整记录，可以在答辩结束后进行整理。但是要记住：一是整理必须迅速及时，不能拖太久；二是整理要保持原貌，不能与答辩人答辩时的真实回答大相径庭。

第二节　做好答辩准备

古人云，凡事预则立，不预则废。在正式开始论文答辩之前，答辩者要做好充分的准备，具体来说，包括后勤准备、心理准备和专业准备。

一、后勤准备

兵马未动,粮草先行。要想毕业论文答辩顺利,首先必须做好后勤准备。

1. 要吃好、喝好、睡好

论文答辩的时候当然要吃好,总不可能空腹上阵,结果差点饿晕在教室吧?也不可以吃坏了肚子,刚回答一半问题就要跑去上厕所吧?答辩的时候都在夏季,所以要多喝水,还要带一瓶水去答辩现场,紧张的时候喝一小口润润嘴唇和喉咙。答辩前一天要好好休息,当天要睡午觉,这样才能保持头脑清醒,去除熊猫眼,以良好的精神面貌参加答辩。

2. 面容、妆容、衣着要得体

男生们要把头发理一理,胡须剃一剃;穿正装最好,没有正装也没关系,但衣着一定要干净利落,简洁大方,不要奇装异服,花里胡哨。女生们最好穿职业装,显得清爽干练,不要穿露脐装、超短裙等过于暴露的衣服;头发最好扎一扎、盘一盘,不要从如瀑的黑发后面露出半只眼睛无辜地看着答辩老师。女生化一下淡妆也是可以的,但是不要浓妆艳抹,什么假发、假睫毛、美瞳之类的都不要用。

3. 带上底稿和论文写作中相关资料的精华版,以备随时查阅

集体答辩中分配给每个人的时间并不多,答辩的10分钟是对半年论文写作的集中展示,重要性不言而喻。为此,我们要将相关材料烂熟于心,在没有轮到自己的时候,抓紧熟悉论文内容和答辩陈述;在回答问题的准备期间,如有必要,迅速参考所做的笔记和相关资料,确保问题的回答准确全面。如果我们什么资料都不带,甚至连答辩陈述也没有,回答问题时明明有时间准备,却没有资料参考,凭记忆说一些似是而非的话，其结果可想而知了。

4. 准备好纸、笔，记录老师提问和回答纲要等

这是一个容易忽视的小问题，一张纸一支笔不值钱，如果关键时刻你没有就误了事。好记性不如烂笔头，纸笔不可少。不要盲从无纸化，不要什么都电子化，自我陈述拿个手机，回答问题搬个电脑，都是不合适的。

所以，做好各项后勤准备，穿好该穿的，带好该带的，毫无牵挂地走进答辩现场，身心愉悦，定会马到功成！

二、心理准备

良好的心态和饱满的状态对论文答辩十分重要，所以，答辩前要做好心理准备。

1. 端正态度，认真对待

有的人不了解教育部和学校关于本科生培养的方案和程序，不理解毕业论文写作的必要性和重要性，对毕业论文答辩存在天然的抵触情绪。还有的人对教育及教师的严肃性、专业性和职业性存在偏见，老师稍微一严格就受不了，甚至反感。这些都是不正常的。所以，大家要端正态度，严肃认真地对待论文答辩，不要认为答辩是"多此一举"，是老师"刷存在感"，甚至是老师故意和学生"过不去"；也不要认为答辩是"小菜一碟"，是"走过场"。答辩是论文写作的最后一站，而且是十分关键的一环，切不可轻视。

总之一句话，别把答辩不当回事儿。

2. 消除恐惧心理，保持良好的心态，甚至可以适度紧张

别把答辩不当回事儿，但也别把答辩太当一回事儿。

答辩前，可以保持适度紧张，做到心中有事，不过分松散。但是不要过度紧张，不要惧怕答辩，不要因为答辩而吃不好饭睡不好觉，甚至答辩时两腿战栗，差点晕倒。

缓解紧张、增强自信的方法很多，比如战术上重视答辩、战略上"藐视"老师，不要把答辩老师看得太神秘太可怕。紧张的时候对自己说："答辩老师有什么，不就是比我年纪大一点嘛！""我们老师人挺好的，绝不会为难我们的，你看，他今天心情多好啊！"说着说着就不紧张了。

比如说深呼吸，试着深吸一口气，然后慢慢地呼出来，多试几次，氧气供应量上去了，肌肉僵硬的状态自然就会缓解。

再比如虚视法。你可以朝台下看，但是目光不要聚焦，做到"目中无人"，好像谁都看了，实际上谁都没细看。如此，那些看一眼就让你紧张的老师就被你成功"无视"了。

还有注意力转移法。你不是看着别人答辩紧张吗？那就别看了，出去到走廊上转转，或者听一首歌，想一件有趣的事情，都可以转移注意力，缓解紧张。

3. 保持适度兴奋和思维活跃

人在过度兴奋时容易得意忘形，在怠惰的时候容易思维僵硬，这两种状态都不适合像论文答辩这种需要有效组织语言和呈现良好精神状态的场合。毕业论文答辩的时候不要像打了鸡血一样过度兴奋，也不能脑袋麻麻的什么都想不起来。

为了保持良好的思维状态，答辩前半小时可以饮用适量的绿茶、咖啡等来提神醒脑；可以提前思考论文相关问题，排除生活干扰，尽快切换到学术思维频道。在答辩的时候，可以适当汲取前面答辩的同学的经验教训，借鉴好的，避免不好的。只有这样，才能将心情和状态调整到最佳，将自己最好的水准发挥出来。

三、专业准备

在毕业论文答辩过程中,后勤准备是物质保障,心理准备是内在状态保证,专业准备才是根本途径。只有做好了专业准备,才算瞄准了论文答辩的靶心。

1. 准备好答辩陈词,用以自我陈述

按照本科毕业论文的答辩程序,答辩者首先有一个5分钟左右的自我陈述。这个答辩陈词一般包括选题目的与意义、已有研究成果、研究采用的途径与方法、研究的主要内容与创新之处、研究的不足之处等。答辩者应该事先准备好自我陈述的内容,打印好,并提前熟悉其内容,以免上台后东拉西扯、语无伦次。

陈述的时候尽量把内容在脑海中"重构"一遍,按照自己的思路和语言进行表述,而不是照着打印稿一字一句地念。能够脱稿陈述是最好的,如果时间和设备允许,做几页简洁美观的PPT效果会更好。

2. 进一步熟悉论文,尤其是关键术语和创新之处

毕业论文答辩所有的环节和关注点都是基于论文本身的,自己的陈述、老师的提问、学生的回答以及问答的延伸基本都从毕业论文文本中产生。自己写的论文,哪个部分写的是什么,哪个术语如何界定,哪句话怎么理解,都要如数家珍,不能一问三不知,像是刚刚拿到手的陌生人的论文一样。

不仅如此,在论文写作过程中产生的相关材料如开题报告,以及论文写作中用到的一些资料等,也要熟悉其内容,作为回答老师提问的知识储备。

3. 了解答辩程序,必要的时候可以模拟答辩

毕业论文答辩中最重要的、学生最担心的就是老师的提问,学生总是怕老师的问题太刁钻、太生僻、太专业，从而回答不上来。其实，我们可以通过模拟答辩来缓解这种焦虑。

在毕业论文答辩过程中，答辩老师的提问主要有三大类：一是顺着答辩者的陈述进行提问，着眼于论文的选题意义、创新之处等；二是就论文本身进行提问，比如关于文中的重要观点、核心术语和具体细节的疑问；三是对论文涉及的相关问题的提问，这种问题可能超出论文范围，有较强的不可预料性，需要进行知识迁移，有较强的专业知识和应变能力才能完成。

如此，我们自己都可以拟出一些可能被提到的问题，比如：

（1）你是怎么想到选这个题目的？

（2）你觉得你这篇论文的创新之处在哪里，是真正的创新吗？

（3）你能否细致地谈谈这篇文章的不足，并说说如何克服这些不足？

（4）我在你论文中看到一个术语××，这是你的独创吗？请详细阐述这个术语的内涵，并说说你觉得这个术语是否具有学术认可度？

（5）你在文中说……（××观点），请你详细陈述一下自己的想法。

（6）你在文中谈到……（××问题），××也谈到了同样的问题，请问在这个问题上，你们之间有什么区别？

（7）请将你所说的××与×××的××进行比较。

（8）在你论文的×页有一个××问题，你自己怎么看？

…………

可以看出，无论是哪一类问题，都要求论文写作者对论文文本、相关文件材料和涉及的资料相当熟悉，同时具有一定的专业功底和应变能力，否则是很难回答得既顺畅又有一定深广度的。

总之，毕业论文答辩之前要做好准备。同学们以充足的后勤准备作为保障，以良好的心理准备作为基础，以扎实的专业准备作为核心，一定会顺利完成毕业论文答辩。

第三节　掌握答辩技巧

毕业论文答辩靠平时的积累，也靠现场的发挥；既需要专业基础，也讲究方法技巧。毕业论文答辩时需要注意哪些方面的问题呢？

一、礼貌大方，自信谦和

毕业论文答辩时要讲礼仪，要体现出良好的精神风貌，这是答辩者素质的体现。

1. 要体现出综合素质

毕业论文答辩不仅仅是对论文自身的检测，同时也是对论文写作者综合素质的考查。一个合格的本科毕业生在答辩时应该体现出来的综合素质包括：衣着得体；声音和语速适中；和答辩老师说话的时候要望着对方，语言交流的同时要有目光交流；上台先问好，离场说"谢谢"。总而言之，答辩者自始至终都要有礼有节，落落大方。

2. 内心要自信

自信是一个人内心修养的外露，在答辩场上，一个自信的学生会散发出专业的魅力。既然前面已经做好了准备，就要相信自己的实力。选题的时候经历了那么多辗转反侧，查找资料的时候看了那么多书和文章，论文不仅是你一个字一个字写出来的，而且还修改了几次，内容早已烂熟于心，那还有什么好害怕的呢？要相信自己，对自己说"我很厉害"，做一次深呼吸，从容上台，给自己一个好的开始。

3. 态度要谦和

俗话说，态度决定一切。毕业论文答辩的时候，答辩者表现出一个好的态度实际上就创造出了一次良性沟通的开端，所以，答辩的时候不要表现得高傲、冷漠或极度自信。自我评价不要太高，评价他人的时候不要太张狂，尤其是在和答辩老师产生分歧的时候，坚持自己的观点没有错，但是态度要谦逊，为人要和善，不要流露出对答辩过程和答辩老师不耐烦甚至不屑一顾的表情。

二、记清问题，简要回答

当答辩老师提出问题的时候，答辩者要集中注意力把问题听清楚，并快速记下来。如果没有听清楚，可以请求答辩老师再说一遍；如果对问题没有理解清楚，应该当面询问答辩老师。一定要完全明确提问的意图和要旨之后再开始回答，否则连问题都没搞明白就开始哇哇哇，答非所问，就让人哭笑不得了，在答辩老师心目中的印象也就可想而知了。

在回答问题的环节，各个学校的要求有所不同。有的是要求提问之后立即当场回答，有的会给几分钟思考时间，而且以后者居多。这时就需要答辩者集中精力，在最短的时间内抓住要害，找出老师所提的问题的核心，列出回答要点，并提供相应的材料作为观点的支撑。

对问题的回答要简明扼要，直中目标，不要云遮雾罩，废话连篇；回答要有条理性，有逻辑性，最好一个问题分出三四点，分别加以阐述；回答要紧扣问题，不能旁逸斜出而言其他，说着说着就跑题了，更不能耍小聪明故意回避问题，说一些与问题毫不相干的话。

三、顺势而为，谨慎辩驳

严格来说，毕业论文答辩应该是有"答"也有"辩"。"答"就是回答，对答辩老师提出的问题有针对性地进行回答。有时候在回答问题的过程中，答辩者的观点可能与提问者或者其他答辩老师的观点产生分歧，由此导致新的问题的提出以及新的回答，一来二去，各自观点的陈述使得答辩带有了一定的辩论性质。另外，答辩老师所提的问题，有些本身就是开放性的，没有唯一答案，具有很强的探讨空间，这时也容易产生争辩。

真理不辩不明。的确，在"辩"的过程中，很有可能产生精彩的观点，体现答辩者良好的专业素养。但是也应该注意，与"吾爱吾师，吾更爱真理"的文化不同，中国文化比较讲究等级秩序和师道尊严，所以，我们和答辩老师的辩驳要谨慎，掌握好度，且要坚持几个原则。

1. 基本问题不辩驳

也就是说，那些常识性的、已有定论的问题就不要辩驳了。这些很明白的问题你硬是要跟人抬杠，往往会招致别人的反感。

2. 对自己的专业水平没有自信，不要盲目辩驳

在学术上与人辩驳是需要实力的。你自己本来就只知其一不知其二，答辩老师稍微一延伸你就搭不上话了，你一开口就漏洞百出、错误连篇的话，那还是算了吧！

3. 适时停止辩驳

虽说学术上人人平等，但人有时是受情感支配的。所以，当你看见答辩老师有明显情绪变化的时候，最好停止辩驳。因为有可能是你的根本方向就错了，还在强辩；也有可能是你太咄咄逼人，让老师下不了台了；还有可能老师的性格不喜欢与人争辩。无论哪种情况，为了让你的答辩能够顺利通过，你还是见好就收，适可而止吧。需要再请教老师的话，可以台下继续。

4. 辩驳要有理有据，有礼有节

辩驳时不要强词夺理，要有理有据，要善于倾听，给对方表达的机会，做到有礼有节。

当然，如果你的专业基础很扎实，口才又好，恰好遇到一个喜欢辩论而又宽容大度的答辩老师，刚好给你一个你很熟悉、有深入思考的问题，那么，你的机会来了，请开始你的表演吧！

四、实事求是，虚心请教

当你回答答辩老师的问题时，可能这个问题涉及的知识你很熟悉，回答起来也很顺畅；也有可能你只是听说过，没有研究，甚至很陌生，听都没听说过；或者问题本身需要深入思考，而时间又不允许。这种时候，你就需要实事求是，知道多少就回答多少，能分析到哪个程度就回答到哪个程度。

如果某个问题经过思考之后你实在无法回答，也不要勉强，与其毫不着调、漫无边际地瞎扯，还不如诚实、诚恳地承认自己在这个问题上还没有研究，下去之后一定会积极钻研，补上这一课。因为你在那里瞎扯，不仅暴露了自身知识的贫乏、学术态度的不严谨，还暴露出了品德上不诚实的缺点。还有可能在瞎扯的时候出现一些错误，这就得不偿失了。相反，知道的就说出来，不知道的就承认，首先会给答辩老师一种为人诚实、学术严谨的印象。至于问题没回答上来，可能是问题太难太刁钻，也可能是答辩者的问题。即便是答辩者专业视野不太广阔，也是允许的，是可以被理解和宽容的，因为毕竟你还只是一个大四的学生嘛。

五、语言规范，干净利落

毕业论文答辩是正式的场合，答辩者使用的语言也应该合乎相应

的规范。

1. 要尽量使用书面语，少用口语

毕业论文答辩的时候，为了取得好的口头传播效果，在语言表达上可以不像写论文那样使用科学语言，但是仍然应该尽量使用书面语，少用口语。自我陈述和回答问题时也要使用专业性语言，尤其是专业术语的使用，需要严谨准确，不能随便用其他语言替代，以显示答辩者的专业素养。

2. 不要使用口头禅

说话中途短暂的停顿是允许的，不要总用"嗯……""啊……""这个……""那个……"来掩盖停顿；表达疑问可以用疑问句，不要老是用"知道吧？""对不对？""是不是？"等。用这样的口头禅既不连贯，又不严肃，有时还表现出对答辩老师和听众的不尊重。

3. 使用合理的肢体语言

在毕业论文答辩过程中，合理的肢体语言可以起到很好的辅助效果，但不要太夸张，更不要张牙舞爪。不要有小动作，如偷笑、吐舌头、扯头发、左右摇摆、抖腿等，这些既影响仪表，又损害形象。

【练习与思考】

一、选择

1. 毕业论文进入答辩环节的必要前提是（　　）。

　　A. 得到老师肯定　　　　　　B. 通过论文检测

　　C. 论文足够优秀　　　　　　D. 篇幅在万字以上

2. 毕业论文答辩能够考查学生的哪些方面？（　　）（多选）

　　A. 沟通交流能力　　　　　　B. 反应能力

　　C. 口头表达能力　　　　　　D. 礼仪仪表

3. 答辩前要做好准备，包括（　　）。（多选）

　　A. 后勤准备　　　　　　　　B. 专业准备

　　C. 失败准备　　　　　　　　D. 心理准备

二、判断

1. 毕业论文答辩前要了解答辩程序，最好进行模拟答辩。（　　）

2. 论文答辩时自我介绍要尽可能详细，让老师对你有充分了解。（　　）

3. 答辩记录原则上应该在答辩现场完成，如不能在现场完成，必须尽快、如实补充完整。（　　）

4. 毕业论文答辩时态度要谦和，要时时处处顺着老师，跟着老师的思路走。（　　）

5. 毕业论文答辩要有"答"有"辩"，要抓住一切时机与答辩老师辩论，以充分展示自己的观点。（　　）

6. 毕业论文答辩的时候，为了取得好的传播效果，应尽量使用口语。（　　）

7. 毕业论文答辩时，"目中无人"可以在一定程度上缓解紧张。（　　）

8. 论文答辩时，对自己的专业水平没有自信就不要盲目辩驳，以免

难堪、失分。（ ）

9. 原则上，只有评阅通过的论文才能参加论文答辩。（ ）

三、简答

1. 毕业论文答辩的流程是怎样的？

2. 毕业论文答辩之前应该做好哪些准备？

3. 毕业论文答辩有哪些技巧？

四、思考

1. 如何掌握毕业论文答辩中"辩"的度？

2. 通过毕业论文答辩可以反映出答辩学生的哪些素质和能力？

第九章
毕业论文评阅、装订、提交归档

第九章　毕业论文评阅、装订、提交归档

第一节　毕业论文评阅

同学们把毕业论文写完了，并不意味着就完成了毕业论文的所有工作，还有其他相关的环节需要处理。毕业论文的评阅就是一项非常重要的后期工作。

一、毕业论文评阅的意义

毕业论文写作阶段完成之后，要将定稿的论文及相关表格交给指导老师或相关部门进行评阅，评阅合格才能进入下一个流程。所以，毕业论文的评阅有着重要的意义。

首先，毕业论文评阅时间是在论文完成之后、答辩之前，毕业论文只有通过评审才能参加答辩。

其次，作为对毕业生的考核内容之一，毕业论文还需要评出不同的等级。所以，论文评阅还会对论文达到的水平进行评估，并据此打出相应的分数。

最后，毕业论文的评阅意见是对论文进行的一次综合诊断，在肯定论文可取之处的同时，往往会指出论文的不足之处。论文作者应该认真接受评阅老师的意见，有利于后续对论文做进一步的修改。

二、毕业论文评阅的方式

毕业论文评阅是采取什么方式进行的呢？

当前，我国研究生尤其是博士研究生的学位论文采用的是多名校外专家双盲评制度。理论上来说，论文作者不知道自己的论文会给谁评审，评审专家也不知道评审的是谁的论文。这一制度能最大限度地保证评审质量，但在人力、财力和时间上要求较高，本科毕业生数量庞大的一般本科院校难以承受。此外，本科毕业论文实际上也只是对本科生进行的一次学术训练，所以在目前，本科毕业论文的评阅一般都在校内完成，最常见的评阅方式，是先由指导老师进行评阅，然后由同专业的其他老师进行交叉评阅。这既借助了指导老师对论文的熟悉度，提高了评阅效率，又在很大程度上尊重了学术观点的多样性，从而保证了评阅结果的公平性。

三、毕业论文评阅的着眼点

毕业论文评阅主要是从哪些方面展开呢？

毕业论文评阅老师的评阅意见都是根据学生的毕业论文做出的。评阅老师的关注点主要有：选题是否有价值，论文是否有创新性；论点是否明确具体，论据是否典型充分，论证过程是否严谨周密；结构是否完整，语言是否顺畅，格式是否规范；是否有硬伤性错误和影响专业素养的细节瑕疵。评阅意见一般也会从这些关注点出发进行撰写，所以，同学们在论文提交评阅之前，可以从上述各方面着手，对论文进行自我审查，确保获得比较好的评阅结果。

需要注意的是，论文评阅环节是评阅老师的独立劳动，看似和学生无关，但它是学生毕业论文写作之"因"结出的"果"，是耕耘之后的收获。所以，为了获得更好的评阅意见和满意的评阅成绩，同学们必须在论文写作环节下足功夫。否则，等生米煮成了熟饭，一切都来不及了。

四、毕业论文成绩的评定

写了那么久的毕业论文，同学们最关心的应该还是论文的成绩，那么毕业论文是如何给定成绩的呢？

首先，如前所述，在本科生的培养方案中，毕业论文写作是一个必不可少的环节，是有相应学分的。只有写出了合格的毕业论文才能获得学分，才能申请学士学位。这是一个大的前提。

在此前提之下，毕业论文的具体成绩一般由三个部分组成：指导老师对论文进行评阅之后给一个分数；交叉评阅的老师对论文进行评阅之后也会给一个分数；答辩的过程中每个答辩老师会给一个分数，取平均分作为答辩成绩。指导老师评阅分数、交叉评阅分数和答辩分数三者按一定比例（6：2：2）计算相加，四舍五入，得出的成绩就是毕业论文的最终成绩。根据这个成绩，便可分出优、良、中、及格、不及格等相应的等级了。

对于绝大部分高校而言，不及格的本科毕业论文是非常少的，甚至刚刚及格的也不是很多，大部分都在良、中的水准。因为不少学校都要求毕业论文分数要达到75分以上，水涨船高，仅仅及格自然是不够的。当然，要想写成优秀毕业论文也是非常不容易的，因为一方面学校对优秀毕业论文有比例限制，而且比例还很低；另一方面，随着教育部门对毕业论文的检测、抽查越来越严格，指导老师在推荐优秀毕业论文的把关上也很严格，凡是价值不突出的都不会给到90分，有点小瑕疵、小硬伤的更不会推荐；何况从学术价值和学术规范等方面真正严格要求的话，能够达到优秀等级的本科毕业论文本来就不是很多。

现在有一种比较奇怪的现象，指导老师觉得他所指导的学生中某个同学的毕业论文写得不错,想让其好好修改后冲击优秀毕业论文,结果却遭到学生的连连推托。可能是对自己不自信,可能是怕麻烦不愿反复修改,可能是怕自己的论文被抽检,总之,不少同学都拒绝使自己的毕业论文变得"优秀"。这让人感到些许悲凉。

作为一名即将毕业的本科生,我们应该要有知识青年该有的雄心和勇气,要敢于迎接生活和学术的挑战,要从头到尾认认真真撰写毕业论文,争取评上优秀毕业论文,为即将结束的大学生活在专业上画上圆满的句号!

第二节 毕业论文的装订与提交归档

学生的毕业论文是学校重要的教学研究文献资源和数据,必须以通用格式装订,以可靠的方式保存。所以,答辩之后的毕业论文还需要完成装订、装袋和提交归档的最后程序。

一、毕业论文的装订

当我们确认自己的毕业论文无须修改之后,应该按照学校的要求进行装订。装订时毕业论文的各要素要齐全,每个要素的文本要准确,顺序要正确;装订要齐整,文面要洁净。

毕业论文一般为左侧三针装订,位置适中;装订前要再次检查有无问题,并将纸张整理平整。

装订时排列的顺序为:封面、扉页、目录、论文正文(包括参考文献)、致谢(后记)、文本复制检测报告单(可选)、指导教师评阅表、交叉评阅表、封底。

毕业论文装订需要注意：

封二(封面背面)如有说明文字应该保留。

扉页和目录各单独另起一页。

参考文献是正文的一部分，但要单独分页。

致谢也要单独分页。

论文页码编排从正文开始，到致谢结束。

文本复制检测报告单如没有要求，可不装订。

为了整洁，可将其他纸张用订书机装订整齐，最后将铜版纸封面用胶水贴上。

开题报告、答辩记录表不用装订。

二、毕业论文的装袋存档

为了保存好学生的毕业论文以及毕业论文写作过程的相关痕迹，所有与毕业论文相关的有用文档最后都要装入毕业论文专用袋，这就是毕业论文装袋环节。

究竟哪些东西要放进毕业论文专用袋里呢？装袋的文件，除了装订好的毕业论文定稿外，还应包括带有指导教师指导和修改痕迹的论文初稿、论文二稿(甚至三稿)，以及未随论文装订的开题报告、答辩记录表等。

装袋后，在论文袋上逐一填写与论文一致的各项信息；根据装入袋中的资料一一勾选相对应的项目；最后用预留的线绳缠绕封袋，按要求归档保存。

三、毕业论文电子稿的提交

毕业论文的最后一个环节，是提交电子稿（有的学校要求提交之前做最后一次论文检测，检测合格方可提交）。

当前，随着数字存储技术的发展和应用，毕业论文的电子保存已经基本普及。相对于纸质版，电子版的毕业论文更节省空间，更方便保存，更容易被查询。

所以，同学们在提交纸质版论文的同时，还要提交与装袋的纸质定稿完全一致的电子版论文（PDF 格式）给图书馆信息技术部，或上传至专门的毕业论文管理系统。

至此，漫长而富有挑战性的毕业论文写作之旅终于完成了！

四、最后的几点提醒

祝贺大家完成了毕业论文，在这里，还有几点必不可少的提醒：

第一，从开始选题到最后提交电子稿，所有的环节一定要按要求、按时间完成，漏掉一个就等于前功尽弃。

第二，签名是一种责任的体现。所以，毕业论文以及所有表格中需要自己签名的地方都要亲笔签名，不要找人代签，也不要帮人代签。所有需要自己完成的事情都要亲自去做，找人帮忙做或者帮别人做，一旦出现问题很难说清楚。

第三，毕业论文是大学本科阶段的学业总结，是学术的起点，更是一生的印记。所有的毕业论文都会无限期保存，也会供人查阅，写得好，别人会学习参考；出了问题，则会顺藤摸瓜，一查到底。所以，我们一定要认真对待自己的毕业论文，尤其要遵守学术规范，恪守学术道德，让毕业论文成为我们学业和事业的锦上之花，而不是埋在人生中的一颗定时炸弹。

【练习与思考】

一、选择

1. 在毕业论文装订过程中，下列各项从前往后排列正确的是（　　）。

A. 目录、扉页、论文正文、致谢、交叉评阅表、指导教师评阅表

B. 扉页、目录、论文正文、致谢、交叉评阅表、指导教师评阅表

C. 扉页、目录、论文正文、致谢、指导教师评阅表、交叉评阅表

D. 扉页、目录、论文正文、指导教师评阅表、交叉评阅表、致谢

2. 不需要装入论文专用袋的是（　　）。

A. 论文初稿　　　　　　　　B. 论文定稿

C. 开题报告　　　　　　　　D. 答辩分数统计表

3. 毕业论文成绩一般由以下哪些部分按一定比例组成？（　　）（多选）

A. 检测成绩　　　　　　　　B. 指导教师评阅成绩

C. 交叉评阅成绩　　　　　　D. 答辩成绩

二、判断

1. 毕业论文的评阅意见可以作为后期修改的依据。（　　）

2. 毕业论文装订时只要要素齐全即可，各要素的位置可以不做统一要求。（　　）

3. 毕业论文的相关签名可以找靠得住的朋友代签。（　　）

三、简答

1. 毕业论文的评阅有何意义？

2. 毕业论文的电子保存相较于纸质保存有哪些优势？

四、思考

如何才能使自己的毕业论文成为优秀毕业论文？